LEONAM LIZIERO

Doutor em Teoria e Filosofia do Direito pela Universidade do Estado do
Rio de Janeiro – UERJ. Pós-Doutorado em Direito pela Universidade
Federal do Rio de Janeiro – UFRJ. Professor Visitante do Programa de
Pós-Graduação em Ciências Jurídicas da Universidade Federal da Paraíba
– PPGCJ/UFPB e da graduação em Direito do DCJ/UFPB.

FEDERALISMO NO PENSAMENTO POLÍTICO

EDITORA MERAKI

ISBN: 978-10-754-6485-0

Acompanhamento editorial Leonam Liziero
Capa e ilustrações internas Brenda Santos

L789 Liziero, Leonam, 1987 –

    Federalismo no pensamento político / Leonam Liziero.
Andradina: Meraki, 2019.

    Bibliografia

    ISBN 978-10-754-6485-0

    1. Pensamento Político 2. Federalismo.

    1. Título

    CDU - 341.224   CDD – 341.224

Aos autistas do Brasil

ÍNDICE

PALAVRAS DO AUTOR

A ideia de escrever este singelo livro veio logo após a defesa de meu doutorado em Direito pela UERJ, ainda em 2017.

Os autores que trago nesta edição nem de longe esgotam a perspectiva panorâmica sobre o federalismo no pensamento político. Autores igualmente importantes, como Tocqueville e Proudhon, certamente merecerão um capítulo próprio em uma próxima edição. Minha preocupação inicial foi oferecer, ainda que de modo conciso, alguma explicação sobre o federalismo em alguns autores que constam nesta edição e não são tão conhecidos no Brasil (talvez conhecidos apenas para quem tem alguma pesquisa em federalismo), bem como pensadores clássicos que não poderiam faltar nesta primeira edição.

Nos capítulos sobre Althusius, Montesquieu e Elazar, busco trazer algumas ilustrações para facilitar o entendimento. Com exceção das constantes no Capítulo 7 (que são originais da obra de Elazar e eu apenas traduzi) o restante das figuras são adaptações de como já fiz em sala de aula para explicar a ideia destes autores.

Em especial, Montesquieu foi importantíssimo para o desenvolvimento do federalismo teórico. O foco do capítulo a ele destinado é demonstrar como o tamanho dos Estados influenciaria, em sua obra, a formação de federações.

Muito obrigado e boa leitura!

Leonam Liziero

1

ALTHUSIUS: SIMBIOSE POLÍTICA E TEOLOGIA FEDERAL

Johannes Althusius (1557-1638) foi um filósofo germânico que se destacou no campo da política, a teologia e o direito. Sua obra crítica ao absolutismo monárquico é considerada a primeira que trata sobre o pensamento federalista. Seu pensamento foi amplamente influenciado pela utilização da lógica ramista, pensamento baseado no uso do método e da lógica, a fim de determinar exatamente o que cada área do estudo deve se empenhar em analisar. A ciência política neste contexto tem uma função: a manutenção da vida social. O método ramista é presente em toda sua obra maior, *Política* (*Politica methodice digesta et exemplis sacris et profanis illustrata*).

Althusius não foi somente um teórico jurídico e político, mas também é notável pelos diversos cargos que exerceu em sua vida. Além de seu título de Doutor em Direito Civil e Canônico pela Universidade da Basileia, recebido em 1586, Althusius foi também conselheiro do Conde Johann IV de Nassau-Dillenburg e professor de Direito da Academia de Herborn. Posteriormente foi administrador municipal (*Stadtsyndikus*) de Emden. Mais tarde, na mesma cidade, assumiu também o cargo de deão até seu falecimento, em 1638[1].

A visão de Althusius e as razões de sua teoria precisam ser compreendidas no contexto em que foram desenvolvidas. Como verifica Otto von Gierke, durante o Século XVI se nota a clamor pelo direito de resistência de pequenos corpos políticos contra a tirania das grandes autoridades. De acordo com a teoria de Hubert Languet (1518-1581), que muita influência política exerceu na época, o povo estaria autorizado a resistir pela força inclusive ao governante que houvesse violado o pacto político entre eles[2]. Esta visão política se consolida com o resultado da Revolta Holandesa (1568-1648), conhecida também por Guerra dos Oitenta Anos, em que a Holanda se liberta da dominação espanhola e se torna um Estado independente (reconhecido pela Paz de Westphalia).

De acordo com o que observa Gierke[3], a obra de Althusius é inovadora ao estabelecer o pacto como fato princípio que legitima a formação do ente político e, consequentemente, do direito público. Ainda que não tão conhecido, o pensamento de Althusius teria exercido forte influência em autores da modernidade política mais conhecidos, como os clássicos contratualistas Hobbes, Locke e Rousseau.

A política é simbiótica, pois segundo Althusius é a "arte de unir os homens entre si para estabelecer vida social comum, cultivá-la e conservá-la"[4]. Para tanto, são necessários mecanismos que evitem a tirania absolutista repudiada pelo autor; os tiranos impossibilitam a consecução da finalidade pela qual as pessoas se uniram umas com as outras. Os simbióticos, aqueles que vivem juntos, vivem associação formada por um vínculo pactício. Portanto a política em

---

[1] CARNEY, Frederick S. Introdução do Tradutor da Edição Americana. In: ALTHUSIUS, Johannes. *Política*. Tradução de Joubert de Oliveira Brízida. Rio de Janeiro: Topbooks, 2003, pp. 13-14.

[2] GIERKE, Otto von. *Natural Law and the Theory of Society*: 1500 to 1800. Volume I. Translated with an Introduction by Ernest Barker. Cambridge: Cambridge University Press, 1934, p. 70.

[3] GIERKE, Otto von. The Idea of Federalism. In: LEWIS, John D. *The Genossenschaft-Theory of Otto Von Gierke*: A Study in Political Thought. Madison: University of Winsconsin, 1935, pp. 126-127.

[4] ALTHUSIUS, Johannes. *Política*. Tradução de Joubert de Oliveira Brízida. Rio de Janeiro: Topbooks, 2003, p. 103.

uma primeira acepção tem como finalidade a simbiose entre os membros de uma comunidade para uma vida em comum. A vida em comum pressupõe uma comunhão de direitos que segundo o autor é "o processo pelo qual os simbióticos vivem e se governam com leis justas, em uma vida comum"[5]. Esta associação é o que Althusius define por direito simbiótico:

> Tal comunhão de direitos é chamada de lei da associação e simbiose (*lex consociationis et symbiosis*), ou direito simbiótico (*jus symbioticum*), e consiste especialmente em auto-suficiência, boa ordem e disciplina adequada. Ela contempla dois aspectos, um que funciona para dirigir e orientar a vida social e outro que prescreve um plano e uma maneira de comunicar bens e serviços entre os simbióticos[6].

Para Althusius, as pessoas, com a finalidade de ter o que faltam em si, "se associam num certo corpo público, a que chamamos comunidade, e, mediante a ajuda mútua, se devotam ao bem-estar e à satisfação das necessidades desse corpo"[7]. Deste modo, Althusius busca em sua teoria fornecer uma explicação do porquê os primeiros homens se associaram nas primeiras comunidades e como este foi um processo gradativo para as primeiras grandes organizações políticas dos tempos antigos.

As associações são formadas por acordos entre os simbióticos, ou seja, aqueles que vivem juntos. Neste acordo, que pode ser expresso ou não, os simbióticos estabelecem os objetivos a serem alcançados, bem como a forma para que tais objetivos sejam alcançados[8]. Inicialmente os homens estão inseridos em associações simbióticas privadas, que por sua vez podem ser naturais e civis. A natural é a família, a primeira associação, que por sua vez também pode ser conjugal ou por afinidade[9].

As associações privadas civis, por sua vez, são vínculos

---

[5] ALTHUSIUS, Johannes. *Política*. Tradução de Joubert de Oliveira Brízida. Rio de Janeiro: Topbooks, 2003, p. 106.
[6] ALTHUSIUS, Johannes. *Política*. Tradução de Joubert de Oliveira Brízida. Rio de Janeiro: Topbooks, 2003, p. 106.
[7] ALTHUSIUS, Johannes. *Política*. Tradução de Joubert de Oliveira Brízida. Rio de Janeiro: Topbooks, 2003, p. 112.
[8] ALTHUSIUS, Johannes. *Política*. Tradução de Joubert de Oliveira Brízida. Rio de Janeiro: Topbooks, 2003, p. 113.
[9] ALTHUSIUS, Johannes. *Política*. Tradução de Joubert de Oliveira Brízida. Rio de Janeiro: Topbooks, 2003, p. 122.

voluntários de pessoas com atividades ou instrução semelhantes com a finalidade de trabalharem juntos para objetivos em comum. Este tipo de associação é o que Althusius denomina por *collegium*[10]. Neste aspecto, observa Gierke que associação é descria por Althusius "como uma união civil e voluntária, constituindo um corpo social: ele traça isto através de suas várias manifestações, do *collegia specialia* eclesiástico e secular ao *collegium* geral composto pelo Estado como um todo; e veste isso como autonomia corporativa e autogoverno"[11].

Gradativamente, segundo observa Althusius, as sociedades passam da esfera privada somente para a pública. Segundo o autor, "a sociedade humana se desenvolve da associação privada para a pública por intermédio de progressões e passos definidos das pequenas sociedades"[12]. Explica Carney sobre esse aspecto que "essa relação integral entre necessidade e volição, que encontra sua primeira expressão nas associações privadas, transfere-se para as associações públicas e se transformam numa das características [distintivas] de toda a teoria associativa de Althusius"[13].

A associação simbiótica pública, deste modo, surge da reunião de diversas associações privadas quando resolvem estabelecer uma ordem política. Este é um ponto interessante. Ao contrário das teorias contratualistas que surgirão a partir do Século XVII, a teoria de Althusius não pressupõe a formação do ente político por pessoas: a formação é sim o resultado natural de camadas associativas. São as associações privadas, não as pessoas, que formam a associação pública, o que remete ao conceito inicial de política para Althusius.

---

[10] ALTHUSIUS, Johannes. *Política*. Tradução de Joubert de Oliveira Brízida. Rio de Janeiro: Topbooks, 2003, p. 127.

[11] GIERKE, Otto von. *Natural Law and the Theory of Society*: 1500 to 1800. Volume I. Translated with an Introduction by Ernest Barker. Cambridge: Cambridge University Press, 1934, p. 72. Do original em inglês: "Althusius describes the Fellowship as a civil and voluntary union, constituting a social body: he traces it through its various manifestations, from ecclesiastical and secular collegia specialia to the collegium generale composed of a whole Estate; and he vests it with corporate autonomy and self-government".

[12] ALTHUSIUS, Johannes. *Política*. Tradução de Joubert de Oliveira Brízida. Rio de Janeiro: Topbooks, 2003, p. 121.

[13] CARNEY, Frederick S. Introdução do Tradutor da Edição Americana. In: ALTHUSIUS, Johannes. *Política*. Tradução de Joubert de Oliveira Brízida. Rio de Janeiro: Topbooks, 2003, p. 21.

Neste mesmo sentido, explica Gierke que Althusius "deriva toda a unidade social de um processo de associação que prossegue, por assim dizer, de baixo para cima. ele considera o contrato da sociedade [isto é, o princípio da associação] como o criador de todo o sistema de direito e ordem públicos"[14].

O caráter antitético ao absolutismo se verifica claramente no aspecto de formação do corpo político gerada pela associação simbiótica pública. A vida social das pessoas não é o resultado de uma imposição do poder político. Ao contrário: enquanto seria possível que as pessoas vivessem sem o Estado, o Estado não existe sem a formação associativa das pessoas. A associação simbiótica pública é, portanto, o resultado da relação simbiótica entre os grupos sociais, tendo as vantagens mútuas entre elas como razão de existir. Desta associação pública surge a noção de soberania no pensamento de Althusius.

Nesse sentido, explica Riley que, para Althusius, a soberania "enfaticamente não pertence a reis ou a qualquer tipo de governante; o governo é um poder meramente delegado, e Althusius fica claro que o poder supremo não é necessário para um governante de qualquer modo - na verdade, esse poder leva à tirania"[15].

A associação simbiótica pública composta pode ser particular ou universal[16]. O primeiro tipo diz respeito às comunidades locais (ou cidades) e províncias, e o segundo à ideia de comunidade, dotada de soberania. A comunidade, o todo, era a composição de cidades e

---

[14] GIERKE, Otto von. *Natural Law and the Theory of Society*: 1500 to 1800. Volume I. Translated with an Introduction by Ernest Barker. Cambridge: Cambridge University Press, 1934 p. 71. Do original em inglês: "He derives all Social unity from a process of association which proceeds, as it were, from the bottom upwards. He regards the contract of society [i.e. the principle of partnership] as the creator of the whole system of public law and order".

[15] RILEY, Patrick. Three 17th Century German Theorist of Federalism: Althusius, Hugo and Leibniz. *Publius*, v.6, n.3, pp. 7-41, 1976, p. 32. Do original em inglês:" It emphatically does not belong to kings, or to any kind of ruler at all; rulership is a merely delegated power, and Althusius is clear tha supreme power is not necessary to a ruler in any away - indeed, that such power leads to tyranny".

[16] ALTHUSIUS, Johannes. *Política*. Tradução de Joubert de Oliveira Brízida. Rio de Janeiro: Topbooks, 2003, p. 136.

províncias. Estas, por sua vez, eram compostas por diversas comunidades locais que poderiam variar de pequenas aldeias camponesas até grandes metrópoles. Em cada uma dessas cidades, deveria existir uma administração organizada, que seria expressa por um mandante e por um senado, que cumpririam respectivamente uma função executiva e legislativa, podendo o segundo destituir o primeiro.

Em relação às cidades, Althusius defende certa autonomia em relação ao corpo político à qual pertence. Os membros que formam este tipo de associação pública particular, vivem de modo a exercer atividades para sua autossuficiência. Para regular as relações entre os cidadãos é que que surge e se legitima a ordem jurídica da cidade, cujos destinatários são os próprios cidadãos que se encontrem em seu âmbito[17].

Por sua vez, a província "engloba muitas vilas, cidades, postos avançados e urbes unidos pela comunhão e administração de um único direito (jus). Ela é também chamada de região, distrito, diocese e, por vezes, de comunidade"[18]. Cada província deve ter um mandante, que Althusius entende que não poderia ser destituído do cargo, exceto em raras situações. A província cumpriria o objetivo de sua existência se fosse bem governada, o que legitimaria o exercício de poder de seu mandante.

A associação pública universal é a comunidade (ou reino), o único ente dotado de soberania, que é composto por províncias, cidades e regiões:

> Muitos escritores fazem distinção entre um reino (*regnum*) e uma comunidade (*respublica*), relacionando o primeiro a um monarca e a última aos optimates poliárquicos. A meu ver, tal distinção não é boa. Isso porque o reino é propriedade do povo, e a administração cabe ao rei. [...] De fato, qualquer associação política, inclusive a cidade, pode ser chamada de comunidade, como a dos atenienses, dos espartanos, dos hebreus e dos romanos, das quais muitas

---

[17] ALTHUSIUS, Johannes. *Política*. Tradução de Joubert de Oliveira Brízida. Rio de Janeiro: Topbooks, 2003, p. 149.
[18] ALTHUSIUS, Johannes. *Política*. Tradução de Joubert de Oliveira Brízida. Rio de Janeiro: Topbooks, 2003, p. 153.

carecem de reis[19].

É o equivalente ao Estado, apesar de Althusius não utilizar este termo. Segundo a definição do autor, essa associação "é um corpo político no sentido mais completo, um império, reino, comunidade, e o povo fica unido num só organismo pelo acordo de muitas associações e corpos particulares simbióticos, todos sob o mesmo direito"[20]. O vínculo que forma a união destas entidades é fundado em consenso e confiança. Para o autor, "O vínculo é, em outras palavras, a promessa, tácita ou expressa, de comunicar bens, serviços mútuos, auxílio, aconselhamento e as mesmas leis comuns (*jura*) na medida requerida peça necessidade e utilidade da vida social universal de um reino"[21]. O corpo organizado por essas entidades é denominado de povo por Althusius:

> O povo, ou membros associados do reino, tem o poder (*potestas*) de estabelecer esse direto do reino e a ele ligar-se. [..] E é nesse poder de dispor, prescrever, ordenar, administrar e constituir tudo o que for necessário e útil para a associação universal que residem o vínculo, a alma e o espírito vital do reino, como também sua grandeza, seu poderio, sua dimensão e sua autoridade[22].

A comunidade é administrada por ministros públicos, que são eleitos e recebem o poder do povo, em uma evidente construção do que posteriormente foi definido como democracia representativa[23]. Os administradores são de dois tipos: os éforos e os magistrados supremos. Observa-se nessa construção teórica de Althusius algo semelhante ao que foi desenvolvido posteriormente por Locke como a bipartição dos poderes como componente necessário de um

---

[19] ALTHUSIUS, Johannes. *Política*. Tradução de Joubert de Oliveira Brízida. Rio de Janeiro: Topbooks, 2003, p. 174.

[20] ALTHUSIUS, Johannes. *Política*. Tradução de Joubert de Oliveira Brízida. Rio de Janeiro: Topbooks, 2003, p. 173.

[21] ALTHUSIUS, Johannes. *Política*. Tradução de Joubert de Oliveira Brízida. Rio de Janeiro: Topbooks, 2003, p. 175.

[22] ALTHUSIUS, Johannes. *Política*. Tradução de Joubert de Oliveira Brízida. Rio de Janeiro: Topbooks, 2003, p. 178.

[23] ALTHUSIUS, Johannes. *Política*. Tradução de Joubert de Oliveira Brízida. Rio de Janeiro: Topbooks, 2003, p. 210.

modelo de governo que fosse a antítese do absolutismo.

O mandante mor será o magistrado. Todavia, em situações especiais, os éforos podem deter o poder de governo, como nos casos de vacância ou quando o magistrado supremo governar com tirania. Assim, cumprem um fundamental papel de limitar o poder de execução da comunidade[24]. A autoridade do magistrado deve estar em consonância com a prudência e com direitos naturais, que, segundo o autor, corresponderiam aos dez mandamentos bíblicos.

A associação pública para Althusius é formada por um conjunto de associações privadas com a finalidade de manutenção da ordem política; tal associação só seria extinta com quando não existissem mais um único indivíduo que tenha sido dela parte. Portanto, com a sucessão dos indivíduos ela se torna perpétua. Quanto maior a associação maior teria que ser a ordem, disciplina e comunicação entre as relações realizadas.

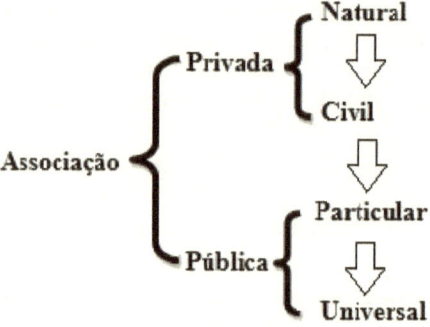

Figura 1: Classificação das associações conforme Althusius

Tal ordem, em geral, segundo o autor, constitui o direito que os integrantes possuem de comunicar e participar das questões levantadas na associação, também chamada de direito simbiótico público, podendo ser universal ou particular, esta última restrita a um local determinado dentro do qual há a comunicação do direito,

[24] ALTHUSIUS, Johannes. *Política.* Tradução de Joubert de Oliveira Brízida. Rio de Janeiro: Topbooks, 2003, p. 225.

podendo ser uma província ou uma comunidade local.

A comunidade local, também denominada por cidade, é uma associação composta por muitas famílias que vivem no mesmo local, regidas por leis fixas[25]. Os membros da comunidade possuem uma relação de igualdade enquanto cidadãos. Os cidadãos escolhem por sua vez um governante para esta comunidade local, o prefeito, com a finalidade de manter a ordem e seu funcionamento. Este prefeito tem autoridade sobre cada indivíduo, mas é subordinado ao coletivo de cidadãos[26].

Althusius defende a ideia de que as pessoas da cidade são parte de uma coletividade, na qual as individualidades são reduzidas a fim de uma igualdade entre as pessoas locais. Essa igualdade, porém, não é compartilhada com os viajantes e estrangeiros, pois estes não devem fazer parte dos assuntos da cidade[27]. Neste sentido fica evidente a presença da nacionalidade, de povo enquanto vinculação jurídica do homem com o ente político.

Nesse contexto, é interessante notar como Althusius teorizava a possibilidade de cidades terem independência dentro de uma comunidade política. Seria uma pequena divisão territorial política que compõe uma associação pública, mas não está condicionada às decisões políticas de alguma província. É o que ele denomina por cidade livre, que em sua época na região da Germânia era conhecida por cidade imperial[28].

Com esta constatação, Althusius faz interessante classificação entre estas cidades e as cidades provinciais. Estas são submetidas a um senhor territorial, da província na qual a cidade estaria contida. Também identifica algumas cidades mistas, que compartilharia características dos dois tipos anteriores[29].

---

[25] ALTHUSIUS, Johannes. *Política*. Tradução de Joubert de Oliveira Brízida. Rio de Janeiro: Topbooks, 2003, p. 36.
[26] ALTHUSIUS, Johannes. *Política*. Tradução de Joubert de Oliveira Brízida. Rio de Janeiro: Topbooks, 2003, p. 137.
[27] ALTHUSIUS, Johannes. *Política*. Tradução de Joubert de Oliveira Brízida. Rio de Janeiro: Topbooks, 2003, p. 135.
[28] ALTHUSIUS, Johannes. *Política*. Tradução de Joubert de Oliveira Brízida. Rio de Janeiro: Topbooks, 2003, p. 144.
[29] ALTHUSIUS, Johannes. *Política*. Tradução de Joubert de Oliveira Brízida. Rio de Janeiro: Topbooks, 2003, p. 144.

No nível da cidade como unidade territorial, percebe-que uma desproporcionalidade entre três espécies de cidades em relação entre elas. Por características especificas de cada uma, é possível discriminá-las sem que isso necessariamente comprometa a simbiose política. Há nessa teoria originária do federalismo cooperativo uma inclinação à assimetria federativa, que em alguns aspectos pode servir melhor ao corpo político que uma configuração simétrica.

É essencial o consentimento dos cidadãos para a regência da cidade. O direito de voto é assegurado como direito básico nos assuntos relacionados ao bem comum e da cidade. Quando esses direitos são ignorados a comunidade não mais existe. Assim, para Althusius, a cidade deve ser um ambiente de amor entre os cidadãos, de modo que o bem comum seja perpetuado e que os possíveis problemas sejam minimizados. Deste modo, as expectativas jurídicas de cada pessoa serão respeitadas de forma honesta e justa, o que gerará uma relação pacífica entre elas.

Contrariamente aos autores absolutistas, como seu contemporâneo Jean Bodin, Althusius elabora uma teoria política cuja legitimação do poder não se ampara na imposição da ordem de cima para baixo por meio de um monarca ou uma aristocracia. A base é o consentimento das pessoas, ainda que de forma escalonada, incialmente no âmbito privado para depois para o público, de modo a formar o corpo político. O caráter federativo de sua teoria vem justamente deste aspecto.

Como é cediço, a ideia de federalismo remete à confiança, do latim *foedus*. Desta forma, a teoria de Althusius é baseada no consenso e na confiança entre os diversos núcleos associativos. Apesar do refinamento e inovação da obra de Althusius, sua visão não foi tão bem difundida na época, ao contrário de autores de teorias que legitimavam o absolutismo, como o próprio Jean Bodin. Apenas no Século XIX a obra de Althusius ganhou maiores projeções, sobretudo pelos estudos de Otto von Gierke.

Há evidente distanciamento da tendência absolutista da época, que encarava a existência política do Estado conforme as aspirações do soberano. O caráter vanguardista de Althusius poderia ser evidenciado dez anos após sua morte. A Paz de Westphalia de 1648, que pôs fim aos conflitos da Guerra dos Trinta Anos, deu início ao novo paradigma nas relações entre Estados, cuja base é um consenso entre noções de soberania estatal e territorialidade.

Bibliografia

ALTHUSIUS, Johannes. *Política.* Tradução de Joubert de Oliveira Brízida. Rio de Janeiro: Topbooks, 2003.

CARNEY, Frederick S. Introdução do Tradutor da Edição Americana. In: ALTHUSIUS, Johannes. *Política.* Tradução de Joubert de Oliveira Brízida. Rio de Janeiro: Topbooks, 2003.

GIERKE, Otto von. *Natural Law and the Theory of Society*: 1500 to 1800. Volume I. Translated with an Introduction by Ernest Barker. Cambridge: Cambridge University Press, 1934.

_____. The Idea of Federalism. In: LEWIS, John D. *The Genossenschaft-Theory of Otto Von Gierke*: A Study in Political Thought. Madison: University of Winsconsin, 1935.

RILEY, Patrick. Three 17th Century German Theorist of Federalism: Althusius, Hugo and Leibniz. *Publius*, v.6, n.3, pp. 7-41, 1976.

2

MONTESQUIEU: O RACIONALISMO FEDERATIVO

O Espírito das Leis nas leis naturais e humanas

A Europa, após o apogeu e crise do Estado absolutista, foi imersa no período do racionalismo iluminista, que perdurou especialmente durante os Séculos XVII e XVIII. Este período é caracterizado pelo surgimento de inúmeros movimentos políticos e culturais, com a finalidade de fundamentar sua visão de mundo no uso da razão. A razão, assim como o indivíduo, são os alicerces do Estado Moderno e do Direito da modernidade.

A França foi cenário de destaque para o iluminismo, como se nota pela obra de Denis Diderot, que juntamente com d'Alembert, foi o fundador da *Encyclopédie*, também conhecida como *Dictionnaire Raisonné des Sciences, des Arts et des Métiers*, um grande compêndio de conhecimento do Século XVIII, que desempenhou fundamental papel para o intelectualismo no período anterior à Revolução

Francesa. Autores como Montesquieu, Louis de Jaucourt e Jean-Jacques Rousseau contribuíram com os volumes.

O iluminismo teve como principal característica o enaltecimento da razão. O racionalismo é tratado como o caminho que leva o homem à plena sabedoria e à verdade. Uma grande alegoria ao iluminismo está presente na ópera de Mozart, *A Flauta Mágica* (*Die Zauberflöte*), de 1791. Na história, os protagonistas Tamino e Pamina, orientados por Sarastro, superam desafios colocados pelo obscurantismo e pelo irracionalismo, representados pela Rainha da Noite, a antagonista. Assim como os dois protagonistas, o homem deve percorrer o caminho de sua vida em busca da verdade racionalmente alcançável e da autonomia.

Especialmente na França de Montesquieu, o iluminismo se propaga na conjectura de um Estado estruturado pelos moldes do *Ancien Régime*, que provocou a insatisfação de muitos seguimentos da sociedade, sobretudo da emergente burguesia.

Montesquieu foi um importante teórico liberal e seus escritos foram de grande relevância para o posterior desenvolvimento de disciplinas como a teoria do Estado, o direito constitucional, o direito comparado, a sociologia do direito entre outras. Sua obra mais conhecida, *O Espírito das Leis*, publicada em 1748 apresenta um desenvolvimento profundo sobre a teoria das formas de governo, a relação do cidadão com o Estado e a defesa da liberdade.

Além disso, com a publicação de sua *magum opus*, ficou amplamente conhecido pela doutrina da separação dos poderes, segundo a qual a soberania estatal deveria ser exercida igualmente por três poderes independentes: o Legislativo, o Executivo e o Judiciário. Esta passagem específica da obra de Montesquieu, contida no livro décimo primeiro, capítulo VI, de *O Espírito das Leis*, no qual o autor faz uma análise a respeito da "Constituição" da Inglaterra[30]. Todavia a obra tem importância teórica bastante significativa também para o federalismo, para a sociologia do direito e para o direito comparado.

O objetivo da obra de Montesquieu em demonstrar como as leis

---

[30] MONTESQUIEU, Charles Louis de Secondat, Baron de la Brède et de. *O Espírito das Leis*. Trad. Fernando Henrique Cardoso. Brasília: Editora UnB, 1995, pp. 118-125.

se manifestam nas sociedades e as instituições do governo claramente tem uma função pedagógica de educação para a sociedade, conforme pode ser extraído de duas passagens do Prefácio: "se pudesse fazer com que todos tivessem novas razões para apreciar seus deveres, seu príncipe, sua pátria, suas leis; que pudessem melhor sentir sua felicidade em cada país, em cada governo, em cada posto que nos encontramos, acreditar-me-ia o mais feliz dos mortais", e também "se pudesse fazer com que os que comandam aumentassem seu conhecimento sobre o que devem prescrever, e os que obedecem encontrassem um novo prazer em obedecer, acreditar-me-ia o mais feliz dos mortais"[31].

Montesquieu disserta a respeito das leis que derivam diretamente da natureza dos governos e dos princípios dos três governos, reconhecendo, dentro de seu estudo comparado de diversos Estados, três formas de governo: a República, que pode ser democrática ou aristocrática a depender da quantidade de pessoas que exercem o poder (respectivamente todas ou poucas) e das duas formas de governo aonde uma pessoa exerce o poder, a Monarquia e o Despotismo. A diferença entre Monarquia e Despotismo se dará na natureza das leis e do princípio (a honra para os governos monárquicos e o medo para os governos despóticos).

Como nobre francês, Montesquieu entendia que a honra poderia ser princípio motivador da forma de governo monárquica[32]. Deste modo, a honra poderia ser fator de obrigatoriedade para que os Parlamentos realizassem suas atividades a serviço do bem comum da sociedade. Com isso, Montesquieu se mostra cauteloso com a ideia de revolução. A monarquia, como forma de governo motivada pela honra, com população educada para tal, teria o exercício do Poder Executivo limitado e fiscalizado pelo Poder Legislativo. Assim, discursa Montesquieu: "a educação baseia-se sobre todas essas coisas para constituir o que chamamos homem de bem, senhor de todas as qualidades e virtudes exigidas neste tipo de governo. Aqui a honra, imiscuindo-se em tudo, penetra em todos os modos de pensar e em

---

[31] MONTESQUIEU, Charles Louis de Secondat, Baron de la Brède et de. *O Espírito das Leis*. Trad. Fernando Henrique Cardoso. Brasília: Editora UnB, 1995, p. XLI.
[32] MONTESQUIEU, Charles Louis de Secondat, Baron de la Brède et de. *O Espírito das Leis*. Trad. Fernando Henrique Cardoso. Brasília: Editora UnB, 1995, p. 19.

todas as maneiras de sentir"[33]. E continua em seguida: "nas monarquias, não há nada que prescreva tanta obediência às vontades do príncipe como as leis, a religião e a honra"[34].

Segundo Montesquieu, "as leis, no seu sentido mais amplo, são relações necessárias que derivam da natureza das coisas e, nesse sentido, todos os seres têm suas leis"[35]. Assim, justifica a existência de "uma razão primeira, e as leis são as relações que se encontram entre ela e diferentes seres, e as relações desses diversos seres entre si"[36].

O racionalismo federativo

Montesquieu é um autor essencial para a compreensão do pensamento federativo. Apesar de tratar do tema em uma breve passagem de sua obra, faz significativa contribuição ao idealizar um federalismo baseado em uma racionalidade da atuação dos Estados[37].

---

[33] MONTESQUIEU, Charles Louis de Secondat, Baron de la Brède et de. *O Espírito das Leis*. Trad. Fernando Henrique Cardoso. Brasília: Editora UnB, 1995, p. 26.

[34] MONTESQUIEU, Charles Louis de Secondat, Baron de la Brède et de. *O Espírito das Leis*. Trad. Fernando Henrique Cardoso. Brasília: Editora UnB, 1995, p. 26.

[35] MONTESQUIEU, Charles Louis de Secondat, Baron de la Brède et de. *O Espírito das Leis*. Trad. Fernando Henrique Cardoso. Brasília: Editora UnB, 1995, p. 3.

[36] MONTESQUIEU, Charles Louis de Secondat, Baron de la Brède et de. *O Espírito das Leis*. Trad. Fernando Henrique Cardoso. Brasília: Editora UnB, 1995, p.3.

[37] Como observa Carrese a respeito das fortes influências de Montesquieu nas ideias políticas do constitucionalismo norte-americano: "From at least 1760 it is evident that Americans of all parties and points of view were well acquainted with Montesquieu. On separation of powers and political liberty, as well as federalism and republican virtue, his authority was so fundamental that often the debate concerned a proper understanding of The Spirit of the Laws. His influence upon leading statesmen survived even Jefferson's later antipathy to a republicanism the Virginian found too conservative and aristocratic. John Adams's Defence of the Constitutions of Government of the United States (1787–88), an apology for mixed

No Livro IX de *O Espírito das Leis*, Montesquieu disserta sobre a relação das leis dos Estados e a defesa de seus territórios. Nestes capítulos, o autor explica que a associação entre Estados de pequena dimensão territorial é uma chave para a sua perpetuidade. De fato, inicialmente descreve como as repúblicas devem garantir sua segurança. Suas primeiras considerações a este respeito são: "Se uma república é pequena, ela é destruída por uma força estrangeira; se é grande, destrói-se por vício interno. Esse duplo inconveniente contamina igualmente as democracias e as aristocracias, sejam elas boas ou más"[38]. Sobre este ponto inicial, é preciso tecer algumas considerações sobre a sistematicidade e o uso de termos em sua teoria, com ênfase no desenvolvimento da ideia de república democrática ou aristocrática, que o autor faz nos oito primeiros livros de sua obra.

Montesquieu refere-se a repúblicas de acordo com sua tipologia dos regimes políticos baseada em dois novos critérios, diferente do paradigma do número de pessoas que exercem o poder, como ensinada desde Aristóteles e parcialmente reafirmada por Bodin. O Barão propõe uma classificação dos governos baseada mais dois critérios além do numérico: sua natureza e seu princípio, explicadas respectivamente nos Livros II e III. A respeito destes dois critérios, explica o autor: "a natureza é o que o faz ser como é, e seu princípio é o que o faz agir. A primeira constitui sua estrutura particular, e a segunda, as paixões humanas que o movimentam"[39]. As três espécies de governo, de acordo com esta tipologia são o republicano, o monárquico e o despótico. Sobre o ineditismo desta classificação, observa Raymond Aron: "a contribuição definitiva de Montesquieu vai ser precisamente retomar o problema na sua generalidade e combinar a análise dos regimes com a das organizações sociais, de

---

constitutions against simple republican forms, explicitly relies upon Montesquieu's defense of complex government". (CARRESE, Paul O. *The Cloaking of Power:* Montesquieu, Blackstone and the Rise of Judicial Activism. Chicago: Chicago University Press, 2003, p.187).

[38] MONTESQUIEU, Charles Louis de Secondat, Baron de la Brède et de. *O Espírito das Leis*. Trad. Fernando Henrique Cardoso. Brasília: Editora UnB, 1995, p.99

[39] MONTESQUIEU, Charles Louis de Secondat, Baron de la Brède et de. *O Espírito das Leis*. Trad. Fernando Henrique Cardoso. Brasília: Editora UnB, 1995, p. 17.

tal modo que cada governo se mostre ao mesmo tempo, como uma certa sociedade"[40].

Em relação à natureza, o governo republicano, que é o mais relevante para a compreensão das ideias federalistas que o autor desenvolve, "é aquele em que o povo, como um todo, ou somente uma parcela do povo, possui o poder soberano"[41]. Neste sentido, a república pode ser uma democracia ou uma aristocracia. No primeiro caso, quando o poder soberano é exercido por todo o povo; no segundo, quando pertence a apenas uma parcela da população.

O governo será monárquico quando o poder soberano for exercido por apenas uma pessoa, mas com respeito às leis já estabelecidas no Estado. Por fim, o governo despótico também é exercido por apenas uma única pessoa, mas não conduz o Estado de acordo com as leis e sim por suas vontades.

Quanto ao princípio de governo – que não se trata de uma ideologia e sim mentalidades ou disposições comuns do povo em relação ao poder político[42] –, o autor verifica diferenças também que permitem identificar um Estado como república, a monarquia e o despotismo. A república tem seu princípio condicionado ao tipo de república, conforme sua natureza. Se for uma democracia, o princípio será a virtude.

Montesquieu explica que apenas cidadãos virtuosos conseguem proporcionar uma perpetuidade da república democrática, como na Atenas clássica. Em uma democracia sem virtude, na qual é essencial o amor à democracia, a tendência é o surgimento de condições que levem a alguma tirania e consequentemente afetem a liberdade do cidadão, como é o caso da igualdade extrema, que apenas faz corromper a própria democracia[43].

---

[40] ARON, Raymond. *As Etapas do Pensamento Sociológico*. 8ª ed. Tradução de Miguel Serras Pereira. Lisboa: Publicações Dom Quixote, 2000, p. 37.
[41] MONTESQUIEU, Charles Louis de Secondat, Baron de la Brède et de. *O Espírito das Leis*. Trad. Fernando Henrique Cardoso. Brasília: Editora UnB, 1995, p.9.
[42] SHKLAR, Judith N. *Montesquieu*. Oxford; New York: Oxford University Press, 1987, p.75.
[43] MONTESQUIEU, Charles Louis de Secondat, Baron de la Brède et de. *O Espírito das Leis*. Trad. Fernando Henrique Cardoso. Brasília: Editora UnB, 1995, p.33.

Caso a república seja aristocrática, a virtude não é tão necessária a todos do Estado, apenas aos nobres que o governam, portanto, outro sentimento é necessário: a moderação. Há na aristocracia uma repressão pelas leis mútua entre os nobres, uma vez que é incialmente difícil reprimir a própria casta aristocrática com leis que eles próprios produzem[44].

O princípio do governo monárquico por sua vez é a honra[45]. Um governo deste tipo, além de ter um respeito integral às leis do Estado, deve ser movido por um sentimento de honradez, que cria uma distinção entre os cidadãos. É inerente à monarquia a divisão da sociedade em algumas categorias hierarquizadas, sendo, portanto, da natureza da honra a exigência de alguns privilégios para determinados cidadãos[46]. Além disso, não é possível em monarquias que todo cidadão, ainda que seja um bom cidadão, tenha um amor pelo Estado acima de seus interesses particulares[47]. A honra ligada à força das leis pode garantia a condução do governo de forma tão boa quanto a virtude nas repúblicas. O despotismo tem como seu princípio o medo; apesar de similar em número de governante com a monarquia, os dois regimes se diferenciam bem em relação à natureza e ao princípio.

A república é o único dos regimes com uma pluralidade dotada do poder soberano. Em relação à natureza e ao princípio, as repúblicas democráticas e aristocráticas são parcialmente diferentes, mas entre si mais semelhantes que monarquia e despotismo.

A democrática tem sua soberania exercida pelo povo, a coletividade de cidadãos em um mesmo Estado. O povo tem por sua vez dois pontos de vista que são complementares; ao mesmo tempo

---

[44] MONTESQUIEU, Charles Louis de Secondat, Baron de la Brède et de. *O Espírito das Leis.* Trad. Fernando Henrique Cardoso. Brasília: Editora UnB, 1995, p.19.

[45] MONTESQUIEU, Charles Louis de Secondat, Baron de la Brède et de. *O Espírito das Leis.* Trad. Fernando Henrique Cardoso. Brasília: Editora UnB, 1995, p.20.

[46] MONTESQUIEU, Charles Louis de Secondat, Baron de la Brède et de. *O Espírito das Leis.* Trad. Fernando Henrique Cardoso. Brasília: Editora UnB, 1995, p.21.

[47] MONTESQUIEU, Charles Louis de Secondat, Baron de la Brède et de. *O Espírito das Leis.* Trad. Fernando Henrique Cardoso. Brasília: Editora UnB, 1995, p.20.

em que são detentores da soberania – que Montesquieu designa como monarca – são também seus próprios súditos. Pensa-se que o autor tenha escolhido o termo monarca para designar a soberania do povo em razão da união, que os torna um. A vontade do povo enquanto soberano é a vontade do todo, é a vontade do Estado, que apenas é possível pelo procedimento do sufrágio. Ao mesmo tempo em que é "monarca", cada qual do povo é súdito do conjunto[48].

Nas repúblicas democráticas, as leis que estabelecem o sufrágio são fundamentais. O povo deve escolher pessoas, ministros ou magistrados para agir em como se eles fossem. O povo em conjunto, uma vez que se trata de uma multidão, não saberá agir governar e exercer as atividades políticas. Este é um ponto no qual exatamente Montesquieu desenvolve em defesa de uma democracia com representatividade: a multidão exercer todas as atividades políticas significaria a corrupção da república democrática.

> Corrompe-se o espirito da democracia não somente quando se perde o espírito de igualdade, mas ainda quando se quer levar o espírito de igualdade ao extremo, procurando cada um ser igual àquele que escolheu para comandá-lo. Então o povo, não podendo suportar o próprio poder que escolheu, quer fazer tudo por si só: deliberar pelo senado, executar pelos magistrados e discutir todos os juízes[49].

Por sua vez, nas repúblicas aristocráticas, o poder é exercido por um reduzido número de pessoas que estão em uma condição de superioridade em relação às demais do povo[50]. A aristocracia, porém, deve possibilitar uma aproximação maior do povo às coisas do governo, ainda que não se constitua uma democracia. Uma república aristocrática da melhor forma será aquela em que a parte do povo que não participa do poder político é tão pequena que não seria

---

[48] MONTESQUIEU, Charles Louis de Secondat, Baron de la Brède et de. *O Espírito das Leis*. Trad. Fernando Henrique Cardoso. Brasília: Editora UnB, 1995, p.9.
[49] MONTESQUIEU, Charles Louis de Secondat, Baron de la Brède et de. *O Espírito das Leis*. Trad. Fernando Henrique Cardoso. Brasília: Editora UnB, 1995, p.83.
[50] MONTESQUIEU, Charles Louis de Secondat, Baron de la Brède et de. *O Espírito das Leis*. Trad. Fernando Henrique Cardoso. Brasília: Editora UnB, 1995, p.12.

interessante para os governantes a oprimir de alguma forma.

A aristocracia para ser perfeita deve ser mais próxima possível da democracia; se sua estrutura se aproxima demais da monarquia – em que "o príncipe é a fonte de todo poder político e civil" menos perfeita ela será[51]. Sobre a república aristocrática em Montesquieu, explica Chevallier que se trata de "uma espécie de democracia restrita, condensada e purificada, onde estaria reservado aos cidadãos distinto pelo nascimento e preparados ao governo pela educação"[52].

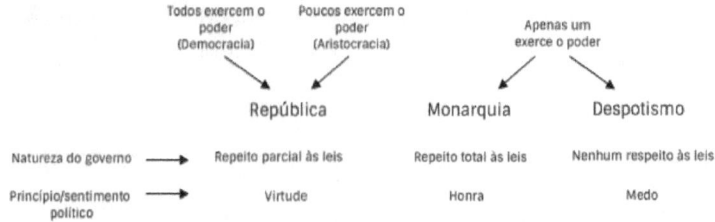

Figura 1: Classificação das formas de governo de Montesquieu

Montesquieu, ao realizar sua análise a respeito das formas de governo, considera algo crucial em sua obra: a dimensão do território. Uma república, seja ela democrática ou aristocrática, tende a ter um tamanho pequeno e consequentemente um contingente populacional não extenso em comparação a uma monarquia.

Uma vez que as repúblicas são menores que as monarquias em extensão territorial e população, a soberania dessas repúblicas tem um menor alcance, sendo "menos poderosas" que as soberanias monárquicas.

Montesquieu utiliza a dimensão do território também para atribuir a um Estado de determinada dimensão territorial a melhor forma de governo para uma perpetuidade e evitar sua corrupção. Ao dissertar sobre os meios eficazes de se conservar os três princípios

---

[51] MONTESQUIEU, Charles Louis de Secondat, Baron de la Brède et de. *O Espírito das Leis.* Trad. Fernando Henrique Cardoso. Brasília: Editora UnB, 1995, p.14.

[52] CHEVALLIER, Jean-Jacques. *As Grandes Obras Políticas:* De Maquiavel a nossos dias. Tradução de Lydia Christina. 4 ed. Rio de Janeiro: Agir, 1989, p.129.

das três formas, nota-se que as repúblicas tendem a ter o território pequeno, pois repúblicas em grandes territórios dificilmente poderiam se manter sólidas; a monarquias devem ter um tamanho médio, não podendo ser pequenas o suficiente para se transformarem em repúblicas, nem de tamanho tal que levasse à desobediência dos membros da corte; os estados despóticos por sua vez é o regime que geralmente consegue manter um grande domínio territorial unificado. Segundo Montesquieu: "sendo a propriedade natural dos pequenos Estados serem governados como república, a dos Estados de tamanho médio serem submetidos a um monarca, a dos grandes impérios dominados por um déspota"[53].

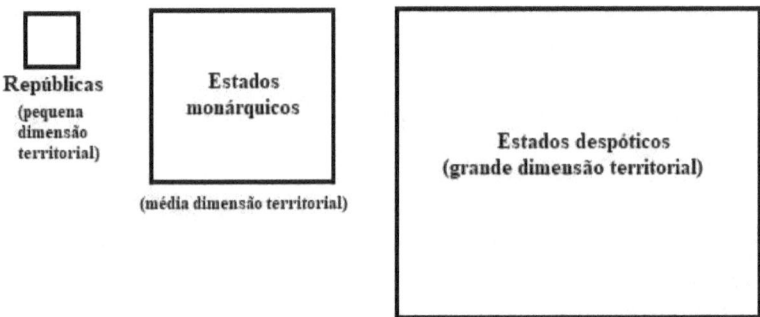

Figura 2: Formas de governo mais adequadas aos Estados conforme sua dimensão territorial

O tamanho do território do Estado combinado com a forma de governo para cada extensão é essencial para a compreensão da teoria racionalista sobre o federalismo. Tendo em vista esta breve explicação sobre a teoria das formas de governo de Montesquieu, faz sentido agora suas primeiras considerações sobre como as repúblicas garantem sua segurança, além dos argumentos que ele desenvolve nos Capítulos I, II e III do Livro IX de O Espírito das Leis. A república, seja democrática, seja aristocrática, é vulnerável por uma perspectiva externa porque a dimensão territorial mais adequada

---

[53] MONTESQUIEU, Charles Louis de Secondat, Baron de la Brède et de. O Espírito das Leis. Trad. Fernando Henrique Cardoso. Brasília: Editora UnB, 1995, p.93.

para sua realização política é pequena. Se uma república for grande, poderia até ficar mais resistente a invasões estrangeiras, mas seria provavelmente destruída internamente em razão do sacrifício do bem comum, além da dissolução da virtude política como princípio, motivo pelo qual as médias e grandes dimensões territoriais são mais adequadas à monarquia e ao despotismo respectivamente[54].

O raciocínio de Montesquieu sobre como os homens poderiam viver em uma situação que não sob o domínio de uma única pessoa e ainda sim poder garantir sua segurança. Sempre estariam fadados a viver em uma monarquia ou em despotismo "se não tivessem imaginado um tipo de constituição que possui todas as vantagens internas do governo republicano e a força externa da monarquia. Refiro-me à república federativa"[55]. O que Montesquieu denomina por constituição tem claramente uma referência semântica à forma de organização e distribuição dos poderes, não ainda querendo dizer a constituição no sentido normativo.

A república federativa é uma associação de repúblicas, que formam um novo Estado e um novo contexto político, que terá reflexos diretamente na relação entre os cidadãos e no surgimento das leis. Conforme o conceito desenvolvido por Montesquieu, a república federativa "é uma convenção pela qual vários corpos políticos consentem em tornar-se cidadãos de um Estado maior que querem formar. É uma sociedade de sociedades, que fazem dela uma nova, que pode ser aumentada pela união de novos associados"[56]. Esta definição merece ser brevemente dissecada para a compreensão de seu sentido no contexto da obra.

O caráter convencional da república federativa está presente em qualquer forma política, conforme a explicação das leis em geral descrita no Livro I de O Espírito das Leis. Montesquieu inicia sua obra

---

[54] MONTESQUIEU, Charles Louis de Secondat, Baron de la Brède et de. *O Espírito das Leis.* Trad. Fernando Henrique Cardoso. Brasília: Editora UnB, 1995, p.91.
[55] MONTESQUIEU, Charles Louis de Secondat, Baron de la Brède et de. *O Espírito das Leis.* Trad. Fernando Henrique Cardoso. Brasília: Editora UnB, 1995, p.99.
[56] MONTESQUIEU, Charles Louis de Secondat, Baron de la Brède et de. *O Espírito das Leis.* Trad. Fernando Henrique Cardoso. Brasília: Editora UnB, 1995, p.99.

dizendo que em um sentido amplo uma lei é uma relação necessária entre as coisas e que está presente em qualquer sociedade de homens, nos seres vivos em geral, no plano divino etc. E como tal, as leis existem nas sociedades e antes delas, o que remete necessariamente a um raciocínio baseado no contratualismo, ainda que esta abordagem não seja tão significativa em toda a obra de Montesquieu.

Os homens se associam porque são fracos naturalmente. No estado de natureza, eles têm acesso às leis da natureza, decorrentes da própria constituição – aqui em um sentido de essência – de cada um, de modo a ter mais a faculdade de conhecer do que os próprios conhecimentos[57].

A partir da associação dos homens, forma-se a sociedade, que leva a um necessário estado de guerra, seja entre indivíduos, seja entre nações. Em razão destes dois tipos de estado de guerra, surgem as três formas de direito: o direito das gentes, que são as leis nas relações entre os diversos povos; o direito político, que são as leis que tratam das relações entre os homens e seus governantes; o direito civil, correspondente às leis que os homens tem para relacionarem entre si[58].

A guerra é um fato que possibilita o surgimento das leis. No conceito de república federativa desenvolvido no Livro IX, os diversos corpos políticos, ou seja, os diversos Estados concordam em formar um Estado maior, do qual seus cidadãos serão cidadãos também. Há uma integração entre cidadãos dos Estados que desejam se associar, de forma que sob o ponto de vista da União, todos serão igualmente cidadãos.

É importante fazer uma observação em relação ao uso semântico que Montesquieu faz do termo "federal" e suas derivações. O Estado federal como forma de Estado não era ainda tipo empírico; o mais próximo da ideia de federação era o que atualmente é denominado por confederação, o que fica evidente pelos exemplos que o autor se baseia para pensar em um conjunto de repúblicas que unidas se

---

[57] MONTESQUIEU, Charles Louis de Secondat, Baron de la Brède et de. *O Espírito das Leis*. Trad. Fernando Henrique Cardoso. Brasília: Editora UnB, 1995, p.4.

[58] MONTESQUIEU, Charles Louis de Secondat, Baron de la Brède et de. *O Espírito das Leis*. Trad. Fernando Henrique Cardoso. Brasília: Editora UnB, 1995, p.5.

transformam em um só Estado que, ainda que continue republicano, tem a mesma força de uma monarquia para repelir invasões externas. Montesquieu reforça seu argumento mencionando que as "associações" enquanto repúblicas federativas conseguiram proporcionar proteção[59]. Os exemplos que ele cita, contudo, são na verdade confederações, ou pelo menos de forma semelhante à uma confederação.

A república federativa é teorizada por Montesquieu como uma forma de Estado bem efetiva para evitar a corrupção do governo – que o autor explora no Livro VIII. Ela consegue evitar sua erosão interna devido à descentralização do poder entre as diversas repúblicas que a formam.

Uma das formas mais comuns de corrupção é a usurpação. O Estado federal fica inicialmente protegido deste problema, uma vez que alguém que pretenda usurpar o poder terá que fazer isso igualmente entre todos os Estados federados, o que seria de grande dificuldade, já que qualquer uma delas poderia se rebelar diante à ameaça de tirania.

Devido ao necessário equilíbrio entre os Estados numa república federativa, haverá uma vigilância mútua entre eles. Caso um deles tente se rebelar ou atentar de alguma forma contra o equilíbrio, os outros o apaziguariam.

Com é composta de diversas repúblicas, em cada uma delas haveria uma proximidade maior entre governantes e governados, de acordo com a natureza e o princípio das repúblicas. Internamente, além de evitar a corrupção e outros problemas que uma república de grandes dimensões territoriais teria, possibilita que os cidadãos usufruam melhor da liberdade, já que a pequena dimensão de cada uma das repúblicas federadas é propícia para isso.

A república federativa por isso tem as vantagens no âmbito interno de uma república e as vantagens no âmbito externo de uma monarquia devido ao poderio bélico oriundo da união, que se

---

[59] MONTESQUIEU, Charles Louis de Secondat, Baron de la Brède et de. *O Espírito das Leis*. Trad. Fernando Henrique Cardoso. Brasília: Editora UnB, 1995, p.99.

assemelharia em contingente e forma de garantia da segurança[60].

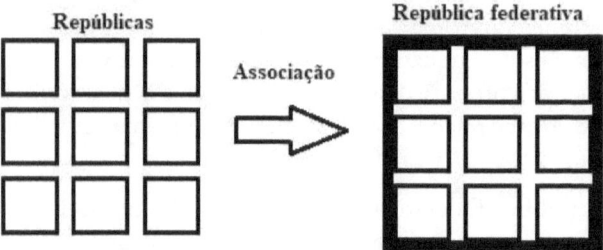

Figura 3: Vantagens da associação de Repúblicas em uma República federativa

Montesquieu, apesar de tratar brevemente sobre o federalismo em sua obra, acaba por proporcionar um grande avanço teórico ao propor que as pequenas repúblicas devem se federar para se proteger de invasores estrangeiros, podendo atingir dimensões territoriais muito maiores do que uma república normalmente poderia ter sem ser destruída internamente.

O Barão, com esta proposta, lança bases para se pensar o federalismo como uma proteção da soberania do Estado e especialmente do republicanismo. Veja-se: As repúblicas, entre as três formas de governo, são as mais frágeis: não podem crescer demais porque senão começariam a se corromper por dentro, já que os princípios dos governos democráticos e aristocráticos (virtude política e moderação respectivamente) iriam inevitavelmente ser dissolvidos com uma grande população e em um grande território. Ao mesmo tempo, para manter sua natureza e seu princípio, as repúblicas devem ser pequenas, o que as torna mais vulneráveis a invasões externas, seja de outras repúblicas, seja de Estados maiores como monárquicos ou despóticos. Sendo conquistada, uma república teria seu destino à mercê do Estado invasor, que teria, como consequência de seu ato, o direito de conquista[61].

---

[60] MONTESQUIEU, Charles Louis de Secondat, Baron de la Brède et de. *O Espírito das Leis*. Trad. Fernando Henrique Cardoso. Brasília: Editora UnB, 1995, p.99.

[61] MONTESQUIEU, Charles Louis de Secondat, Baron de la Brède et de. *O Espírito das Leis*. Trad. Fernando Henrique Cardoso. Brasília: Editora UnB, 1995, p.105.

Portanto, pensa-se que Montesquieu, baseado em alguns exemplos que (con)federações que vão desde a Grécia Antiga até as Ligas Suíças de seu tempo, enxerga na associação e na confiança recíproca entre essas pequenas repúblicas a única forma de sobreviver politicamente e garantir a liberdade de seus cidadãos.

A garantia da liberdade orienta os governos é uma das preocupações de Montesquieu em usa obra, ao pensar como as leis podem garantir a liberdade dos indivíduos. O autor define liberdade como "o direito de fazer tudo o que as leis permitem; se um cidadão pudesse fazer tudo o que elas proíbem, não teria mais liberdade, porque os outros também teriam tal poder"[62]. A noção de liberdade é a de uma liberdade no Estado político, somente o comportamento respeitando as leis – em cada uma das formas de governo – pode garantir ao cidadão a verdadeira liberdade.

Bibliografia

ARON, Raymond. *As Etapas do Pensamento Sociológico*. 8ª ed. Tradução de Miguel Serras Pereira. Lisboa: Publicações Dom Quixote, 2000.

CARRESE, Paul O. *The Cloaking of Power:* Montesquieu, Blackstone and the Rise of Judicial Activism. Chicago: Chicago University Press, 2003.

CHEVALLIER, Jean-Jacques. *As Grandes Obras Políticas:* De Maquiavel a nossos dias. Tradução de Lydia Christina. 4 ed. Rio de Janeiro: Agir, 1989.

MONTESQUIEU, Charles Louis de Secondat, Baron de la Brède et de. *O Espírito das Leis.* Trad. Fernando Henrique Cardoso. Brasília: Editora UnB, 1995.

SHKLAR, Judith N. *Montesquieu.* Oxford; New York: Oxford University Press, 1987.

---

[62] MONTESQUIEU, Charles Louis de Secondat, Baron de la Brède et de. *O Espírito das Leis.* Trad. Fernando Henrique Cardoso. Brasília: Editora UnB, 1995, p.118.

3

HAMILTON, MADISON E JAY: A FUNDAÇÃO DOS ESTADOS UNIDOS COMO FEDERAÇÃO

A insuficiência confederativa e a utilidade da União

"Após uma experiência inequívoca da ineficácia do governo federativo em vigor, convoco-vos a deliberar sobre uma nova Constituição para os Estados Unidos da América".[63] As primeiras palavras do primeiro dos oitenta e cinco capítulos de *O Federalista* são direcionadas a atacar o modelo confederativo no qual se organizavam aquelas treze jovens repúblicas. Segundo Hamilton, aquela confederação de Estados não era mais suficiente para a

---

[63] HAMILTON, Alexander; MADISON, James; JAY, John. *The Federalist*. Edited with historical and literary annotations, and introduction, by J.R.Pole. Indianapolis: Hackett Publishing Company, 2005, p. 1. Do original em inglês: "After an unequivocal experience of the inefficacy of the subsisting federal government, you are called upon to deliberate on a new constitution for the United States of America."

proteção dos homens e de suas propriedades e o estabelecimento de uma "nova Constituição" para os Estados Unidos da América era essencial para a garantia da liberdade daquele povo.

Duas considerações que dialogam com questões semânticas nesta primeira frase servem para expressar o ineditismo da proposta: Hamilton diz que a experiência mostrou – devido a uma crise institucional e financeira na qual as repúblicas americanas estavam desde a independência em 1776 – que o governo federativo era insuficiente na época. O termo que Hamilton usa, federativo, é como eram denominados o que atualmente se entende por confederações, uma vez que suas bases motivacionais eram as mesmas. Hamilton precisou dizer justamente que a federação atual era insuficiente porque aquele modelo de organização das repúblicas baseada em um acordo entre as soberanias não era mais capaz de assegurar a ordem, apesar de uma grande resistência por daqueles que defendiam a supremacia e absoluta independência de cada república[64].

A deliberação sobre a nova Constituição foi para efetivamente dar um novo sentido para o termo Constituição: ao invés de significar a organização política como ela é documentalmente, deve significar uma ordenação para a realidade em um plano normativo. Não só os Estados Unidos precisavam de uma nova Constituição: eles precisavam de um novo sentido de Constituição, um sentido normativo com força e disposições institucionais suficientes para garantir o *Rule of Law*[65].

---

[64] Peter Onuf az breve observação sobre os resistentes à Federação: "When nationalists did bring conventional logic to bear on the American state system, they could prove that federalism was a contradiction in terms. They argued that the fragmentation of authority, "imperium in imperio," was the underlying cause of instability in American politics. Americans had to choose between one national sovereignty and thirteen distinct and necessarily hostile sovereignties. The United States and the states separately "cannot both be perfectly sovereign and independent at the same time," said Stephen Higginson. For the nationalists there really was no choice. It was of course "absurd, that there should be thirteen states . . . each a sovereign power." (ONUF, Peter S. *The Origins of the Federal Republic*: Jurisdicional Controversies in the United States, 1775-1787. Philadelphia: Universit of Pennsylvania Press, 1983, p. 150.)

[65] "The constitution performed a function of guarantor against every form of arbitrary government principally because it required the government to

O objetivo de índole republicana de Hamilton com a centralização do governo em uma União é a prosperidade política, da qual deriva os objetos que ele procura debater na obra, sempre ressaltando a utilidade dos Estados se unirem permanentemente. A União é um ente político inexistente nas (con)federações até então existentes, que por sua vez contavam Dietas, frágeis naturalmente pela ausência de grande eficácia do vínculo entre soberanias e pela existência justamente de uma multiplicidade de soberanias. A União, além de ser necessária para o avanço além do modelo confederativo, exerce a soberania porque todas as soberanias dos federados devem ser relativas (em um anacronismo porque uma soberania relativa não é uma soberania em si).

Hamilton utiliza boa parte de seus escritos iniciais para demonstrar como a confederação era ineficaz a partir disto justificar a necessidade de uma União forte; ele faz isso por diversas maneiras e abordando vários assuntos de Estado. Em alguns capítulos ele resgata historicamente alguns modelos fracassados de confederações para deixar cada vez mais evidente a defesa do projeto federalista. No Federalista 11, por exemplo, Hamilton defende a importância da União para o estabelecimento de uma forte Marinha para os Estados Unidos, tanto a de guerra quanto a mercante.

Madison também escreve alguns capítulos (Federalista 18 a 20) descrevendo a falta de êxito das confederações no passado, incialmente as ligas Anfictiônica e Aqueia na Grécia antiga, ambas enfraquecidas devido a dissidências internas. Utiliza a história do Império Germânico na Idade Média e as tensões constantes entre o poder do Imperador e os príncipes dos *regnum*[66], a formação da dieta

---

"provide reasons that can be intelligible to different people operating from different premises".84 The constitution, therefore, guaranteed a rule of law in that it ensured a legislation which could be perceived as neutral and therefore able to obtain a general consensus." (CASALINI, Brunella. Popular Sovereignty, the Rule of Law, and the "Rule of Judges" in the United States. In: COSTA, Pietro; ZOLO, Danilo. *The Rule of Law:* History, Theory and Criticism. Dordrecht: Springer, 2007, p.225).

[66] "The history of Germany is a history of wars between the emperor and the princes and states". (HAMILTON, Alexander; MADISON, James; JAY, John. *The Federalist*. Edited with historical and literary annotations, and introduction, by J.R.Pole. Indianapolis: Hackett Publishing Company, 2005, p. 100.).

como centro de poder daquela confederação (apesar do nominalmente império)[67]. Disserta sobre como os cantões suíços estabeleceram uma conexão que não deveria nem ao menos ser denominada como confederação[68]. Sua exposição demonstra a afirmação deque é uma tendência dos corpos componentes de uma confederação a preferirem a anarquia entre seus membros que se submeterem a uma tirania[69].

No Federalista 15 Hamilton defende de forma mais analítica os motivos para o aumento de poder da União como estava prescrito na Constituição, buscando uma nova linha de raciocínio para criticar a corrente confederação, dando certa ênfase no endividamento das treze repúblicas, um sério problema social que assolava muitos trabalhadores naquele tempo. Destaca-se a contradição dos antifederalistas – os críticos ao texto constitucional aprovado – que reclamavam da falta de energia do governo dos Estados Unidos, mas ao mesmo tempo criticavam as tentativas de suplantá-la. Desta forma, queriam ao mesmo tempo aumentar a autoridade federal sem diminuir a autoridade dos Estados; que a União fosse soberana ao mesmo tempo em que os Estados tivessem completa independência.[70]

Logicamente, constituir um sistema jurídico com uma organização política unida não comporta negações completas da autoridade da União. Não há falhas pontuais na arquitetura do

---

[67] HAMILTON, Alexander; MADISON, James; JAY, John. *The Federalist.* Edited with historical and literary annotations, and introduction, by J.R.Pole. Indianapolis: Hackett Publishing Company, 2005, p. 99.

[68] "The connection among the Swiss cantons scarcely amounts to a confederacy: Though it is sometimes cited as an instance of the stability of such institutions. They have no common treasury—no common troops even in war—no common coin—no common judicatory, nor any other common mark of sovereignty." (HAMILTON, Alexander; MADISON, James; JAY, John. *The Federalist.* Edited with historical and literary annotations, and introduction, by J.R.Pole. Indianapolis: Hackett Publishing Company, 2005, p. 103.)

[69] HAMILTON, Alexander; MADISON, James; JAY, John. *The Federalist.* Edited with historical and literary annotations, and introduction, by J.R.Pole. Indianapolis: Hackett Publishing Company, 2005, p. 97.

[70] HAMILTON, Alexander; MADISON, James; JAY, John. *The Federalist.* Edited with historical and literary annotations, and introduction, by J.R.Pole. Indianapolis: Hackett Publishing Company, 2005, p.76-77.

modelo político: há grandes erros fundamentais que comprometem todo o sistema. Erros esses oriundos do grande vício da confederação: a contraposição entre a legislação sobre corpos e competências coletivas e os indivíduos que as compõem, afetando os poderes da União que depende diretamente dos Estados. Aparentemente Hamilton critica o engessamento das ações (con) federais que dependiam das repúblicas para terem eficácia.[71]

Nesse caso, a coercibilidade das normas federais era prejudicada pela ausência de mecanismos institucionais de aplicação de sanção. Hamilton escreve que a sanção é uma característica essencial do direito; portanto, não poderia haver efetivamente normas jurídicas federais se os Estados tivessem o poder discricionário de obedecer ou não.[72]

Por fim, destacam-se as críticas pontuais que Hamilton faz à

---

[71] HAMILTON, Alexander; MADISON, James; JAY, John. *The Federalist.* Edited with historical and literary annotations, and introduction, by J.R.Pole. Indianapolis: Hackett Publishing Company, 2005, p.77. Esta é uma interpretação possível de uma significativa, mas um tanto quanto hermética passagem do texto escrito por Hamiton: "The great and radical vice in the construction of the existing confederation is in the principle of LEGISLATION for STATES or GOVERNMENTS, in their CORPORATE or COLLECTIVE CAPACITIES and as contradistinguished from the INDIVIDUALS of whom they consist. Though this principle does not run through all the powers delegated to the union; yet it pervades and governs those, on which the efficacy of the rest depends."

[72] "Government implies the power of making laws. It is essential to the idea of a law, that it be attended with a sanction; or, in other words, a penalty or punishment for disobedience. If there be no penalty annexed to disobedience, the resolutions or commands which pretend to be laws will in fact amount to nothing more than advice or recommendation. This penalty, whatever it may be, can only be inflicted in two ways; by the agency of the courts and ministers of Justice, or by military force; by the COERTION of the magistracy, or by the COERTION of arms. The first kind can evidently apply only to men—the last kind must of necessity be employed against bodies politic, or communities or states. It is evident, that there is no process of a court by which their observance of the laws can in the last resort be enforced" (HAMILTON, Alexander; MADISON, James; JAY, John. *The Federalist.* Edited with historical and literary annotations, and introduction, by J.R.Pole. Indianapolis: Hackett Publishing Company, 2005,, p.78)

confederação norte-americana no Federalista 21. A primeira delas, a ausência de mecanismos coercitivos para as leis da confederação. Uma vez que a confederação supõe uma associação de soberanias, não há como se pensar em eficácia das leis, já que não pertencem a um mesmo ordenamento nacional. Factualmente, as confederações são agrupamentos de ordenamento jurídicos com normas comuns que direcionam suas condutas, mas sem poder que garanta sua eficácia frente às repúblicas confederadas[73].

A falta também de garantias mútuas dos governos dos Estados. A União sem poder coercitivo não consegue também proporcionar auxílio aos Estados para enfrentar os perigos domésticos, principalmente o de usurpação do governo. Sem uma União forte, qualquer uma das repúblicas da confederação poderia se transformar em uma tirania formada por uma facção forte e desta forma ter a liberdade de seu povo suprimida[74].

Outra crítica feita por Hamilton é o corrente sistema tributário e financeiro da confederação, que não era coerente por depender de quotas e requisições, sem caráter coercitivo e sem preocupação com a igualdade entre os Estados[75].

Alguns outros pontos do sistema confederativo são perquiridos por Hamilton. Em todo caso, fica evidente que além de ter a finalidade de convencer o povo de New York a ratificar a Constituição da Philadelphia por vantagens que a federação oferecia, também tinha o objetivo de mostrar ao público como aquele cenário político da confederação era problemático e em seus propósitos, ineficaz.

---

[73] HAMILTON, Alexander; MADISON, James; JAY, John. *The Federalist*. Edited with historical and literary annotations, and introduction, by J.R.Pole. Indianapolis: Hackett Publishing Company, 2005, p.110.
[74] HAMILTON, Alexander; MADISON, James; JAY, John. *The Federalist*. Edited with historical and literary annotations, and introduction, by J.R.Pole. Indianapolis: Hackett Publishing Company, 2005, p.111.
[75] HAMILTON, Alexander; MADISON, James; JAY, John. *The Federalist*. Edited with historical and literary annotations, and introduction, by J.R.Pole. Indianapolis: Hackett Publishing Company, 2005, p.112-114.

Constituição e federalismo: remédio contra as facções e a ruína do Estado

Ainda que tenha escrito menos capítulos que Hamilton, Madison desenvolveu mais profundamente as premissas estruturais do federalismo norte-americano e sua relação com a emergência da Constituição, evidentemente retratado no Federalista 10 e em alguns outros capítulos. E em muitos momentos há um diálogo implícito com teorias europeias que fomentaram o desenvolvimento da estrutura jurídica e dos propósitos políticos do Estado Federal.

Madison pressupõe uma antropologia pessimista no contexto da modernidade. A ideia de homem deste pai fundador usada para justificar a formação das facções transpõe a negação do animal político aristotélico e a metafísica mecanicista hobbesiana para a realidade americana. É necessário compreender por que ele utiliza essa ideia predatória do homem e como a ideia de liberdade natural os levaria ao temido estado de anarquia. Apesar de não citar expressamente a obra de Hobbes, Madison claramente utiliza elementos de sua teoria para a justificativa do combate às facções.

É preciso brevemente resgatar o entendimento que Thomas Hobbes constrói na figura do homem, o que não é satisfeito apenas na expressão "o homem é mau por natureza"[76]. Hobbes concebe o homem como personagem central de sua filosofia. Todo o constructo estatal posterior é erguido pelo e para o sujeito. O pensamento hobbesiano, além ser uma teoria destinada para a especulação e compreensão do Estado, consagra a racionalidade tão necessária ao antropocentrismo moderno[77] em oposição à

---

[76] Contra esta habitual afirmação, leciona Kriele: "La teoría política de Hobbes se basa – así se cree a menudo – en la tesis 'homo homini lupus': su concepción de la naturaleza humana carente de ilusiones a la lugar, se cree, al realismo. La realidad es que Hobbes simplemente no ha tomado en serio la frase 'el hombre es malo'. Lejos de ser un realista carente de ilusiones, Hobbes basó su filosofia del Estado en un *optimismo antropológico* ingênuo" (KRIELE, Martin. *Introducción a la Teoría del Estado*. Trad. Eugenio Bulygin. Buenos Aires: Depalma, 1980, p. 183.).

[77] Hobbes apresenta um homem individualista e altamente material, questionando a predisposição humana de amar ao próximo, uma vez que não haveria razão de ter o mesmo sentimento a todo aquele que fosse

35

sociabilidade natural humana, pensada desde Aristóteles.

A finalidade da associação não é uma tendência natural; representa sim uma artificialidade comportamental. Ao se associar, o homem deixa de agir de acordo com suas sensações para tomar seu comportamento de acordo com comandos inerentes de sua razão, o que Hobbes denomina por leis naturais. Ele assim define a lei natural com "o ditame da reta razão no tocante àquelas coisas que, na medida de nossas capacidades, devemos fazer, ou omitir, a fim de assegurar a conservação da vida e das partes de nosso corpo".[78] A primeira e mais fundamental dessas leis, da qual derivam todas as outras é a procura que o homem tem pela paz. O pessimismo antropológico está claramente presente nos escritos federalistas e influenciou bastante as justificativas políticas da Constituição.

Veja-se o que Madison, no Federalista 10, escreve a respeito de sua concepção do comportamento humano:

> Tão forte é a propensão da humanidade em se deixar levar por recíprocas animosidades, que onde não há ocasiões substanciais para estarem presentes, as mais frívolas e fantasiosas diferenças são suficientes para suas acender suas paixões hostis, e os excitam aos mais violentos conflitos [79]

Esse homem que por sua natureza é conflituoso não seria

---

semelhante em espécie. Naturalmente, os homens são iguais, seja em corpo, seja em mente, ainda que alguns nascessem mais aptos a determinados talentos que outros. A igualdade provinda da natureza gera a discórdia entre dois ou mais na igualdade de desejo sobre uma determinada coisa. Conforme o autor, "a origem de todas as grandes e duradouras sociedades não provém da boa vontade recíproca que os homens tivessem uns para com os outros, mas do medo recíproco que uns tinham dos outros" (HOBBES, Thomas. *Do Cidadão*. Trad. Renato Janine Ribeiro. São Paulo: Saraiva, 2002, p. 24.).

[78] HOBBES, Thomas. *Do Cidadão*. Trad. Renato Janine Ribeiro. São Paulo: Saraiva, 2002, p. 38.

[79] HAMILTON, Alexander; MADISON, James; JAY, John. *The Federalist...*, p. 50. Do original em inglês: "So strong is this propensity of mankind to fall into mutual animosities, that where no substantial occasion presents itself, the most frivolous and fanciful distinctions have been sufficient to kindle their unfriendly passions and excite their most violent conflicts."

tendente a se associar de forma espontânea a não ser por alguma necessidade maior e ainda sim, há a necessidade da força de uma autoridade para colocar freios aos impulsos ambiciosos e altamente destrutivos de suas ações.

Madison faz a leitura deste homem levado à negatividade comportamental para justificar a formação do maior de todos os perigos para o governo: a violência gerada pelas facções[80], associações de pessoas unidas por determinados interesses comuns que gerariam um inevitável conflito entre elas, devido à postura não dialógica. O conceito de facção trabalhado por Madison é "um número de cidadãos, reunidos em uma maioria ou minoria do todo, que são unidos e movidos por um mesmo impulso passional, ou de interesses contrários aos direitos dos outros cidadãos, ou aos interesses permanentes e agregados da comunidade"[81].

As facções representavam para Madison os dois maiores temores que poderiam ameaçar ao governo daquele emergente Estados Unidos: a tirania e a anarquia. O primeiro era opressor e ameaçava as liberdades de cada cidadão, rejeitado expressamente devido à necessidade de ruptura com o modelo da monarquia inglesa, que apesar de naquele tempo já não ter mais uma tendência ao absolutismo em sua própria terra, onerava por meio de excessivos tributos e por outros meios de controle social os cidadãos americanos.

Esta visão retrata bem a realidade dos treze Estados nos anos entre a Independência e a promulgação da Constituição da Filadélfia, sobretudo após o final da guerra em 1783, em que grupos minoritários de grandes proprietários de terra e portadores de grande fortuna sofriam constantemente ameaças em seus domínios da

---

[80] HAMILTON, Alexander; MADISON, James; JAY, John. *The Federalist.* Edited with historical and literary annotations, and introduction, by J.R.Pole. Indianapolis: Hackett Publishing Company, 2005, p. 48.

[81] HAMILTON, Alexander; MADISON, James; JAY, John. *The Federalist.* Edited with historical and literary annotations, and introduction, by J.R.Pole. Indianapolis: Hackett Publishing Company, 2005, p.48. Do original em inglês: "a number of citizens, whether amounting to a majority or minority of the whole, who are united and actuated by some common impulse of passion, or of interest, adverse to the rights of other citizens or to the permanent and aggregate interests of the community."

maioria da população de pequenas posses e altamente endividada. Essa tensão constante provocava alta insegurança jurídica, já que os devedores tinham ações violentas inclusive para impedir as execuções das suas dívidas. Além do mais, a Coroa inglesa era constante ameaça aos Estados recém-independentes, além dos domínios franceses em terras conflitantes[82].

A existência das facções levaria a um uma instabilidade institucional, além de uma supressão inevitável de liberdades dos membros da facção mais fraca, levaria a opressão da maioria sobre os interesses daqueles grupos minoritários. Nesse sentido, haveria uma sobreposição dos interesses particulares dessas facções em detrimento ao interesse público maior, crucial ao republicanismo almejado pelos *founding fathers*. A baixa estabilidade seria causada porque "o bem público é desconsiderado nos conflitos de partidos rivais; e que as medidas são tão frequentemente decididas, não de acordo com as regras de justiça, e os direitos da minoria, mas por uma força superior de uma interessada e opressora maioria"[83].

Madison enxerga apenas duas saídas em teoria para conter as facções: preventivamente, evitando sua formação, ou contendo seus efeitos, com o intuito de impedir que uma delas tome o poder e com isso oprima a outra, ou ainda que diferentes facções gere um cenário anárquico. Seria impossível impedir que as facções se formem sem que isso configurasse uma política opressora, pois a associatividade por meio de interesses particulares que formem uma ideologia em comum é inerente à vida política, uma manifestação da natureza[84] e

---

[82] GARGARELLA, Roberto. Em nome da constituição. O legado federalista dois séculos depois. In: BORON, Atilio A. *Filosofia política moderna:* De Hobbes a Marx. CLACSO, Consejo Latinoamericano de Ciencias Sociales; DCP-FFLCH, Departamento de Ciencias Políticas, Faculdade de Filosofia Letras e Ciencias Humanas, USP, Universidade de São Paulo. 2006, p. 174.

[83] HAMILTON, Alexander; MADISON, James; JAY, John. *The Federalist.* Edited with historical and literary annotations, and introduction, by J.R.Pole. Indianapolis: Hackett Publishing Company, 2005, p. 48.

[84] "The latent causes of faction are thus sown in the nature of man; and we see them every where brought into different degrees of activity, according to the different circumstances of civil society" (HAMILTON, Alexander; MADISON, James; JAY, John. *The Federalist.* Edited with historical and

da liberdade de cada homem, direito que nenhum governo justo pode tolher pela via da lei[85].

Leciona, nesse assunto, Gargarella:

> A proposta federalista de reorganizar o sistema institucional apareceu, então, como impossível de esquivar: dado o grave risco criado pela existência das facções e dada a impossibilidade de eliminá-las, a única alternativa disponível era a de organizar as instituições de modo tal a fazê-las resistentes perante as primeiras, de modo a evitar que o sistema de governo ficasse exclusivamente em mãos de algum dos diferentes grupos em que estava dividida a sociedade[86].

Restava discutir então como amenizar os efeitos da formação das facções, já que não é possível prevenir as causas de surgimento delas. Neste sentido, a construção das instituições deveria levar em conta e conciliar a proteção dos direitos daqueles de interesses contrários à facção mais poderosa[87], o republicanismo necessário para o governo popular representativo em oposição ao governo democrático direto[88] e a submissão desse governo a uma

---

literary annotations, and introduction, by J.R.Pole. Indianapolis: Hackett Publishing Company, 2005, p. 48.).

[85] HAMILTON, Alexander; MADISON, James; JAY, John. *The Federalist*. Edited with historical and literary annotations, and introduction, by J.R.Pole. Indianapolis: Hackett Publishing Company, 2005, p. 49

[86] GARGARELLA, Roberto. Em nome da constituição...., pp. 175-176

[87] "When a majority is included in a faction, the form of popular government on the other hand enables it to sacrifice to its ruling passion or interest, both the public good and the rights of other citizens. To secure the public good, and private rights against the danger of such a faction, and at the same time to preserve the spirit and the form of popular government, is then the great object to which our enquiries are directed." (HAMILTON, Alexander; MADISON, James; JAY, John. *The Federalist*. Edited with historical and literary annotations, and introduction, by J.R.Pole. Indianapolis: Hackett Publishing Company, 2005, p. 51)

[88] De acordo com Renault, "Entende-se logo a subtileza do projecto que nasce da consideração deste duplo obstáculo: entre a anarquia e o despotismo, identificar um meio-termo, esforçando-se os *Federalist Papers* por estabelecer em que condições pode corresponder à república como democracia representativa". (RENAULT, Alain. Revolução americana, revolução francesa. In: RENAULT, Alain. *História da Filosofia Política, vol 4*:As Críticas da Modernidade Política. Lisboa: Instituto Piaget: 2000, p. 27.)

Constituição que consagrasse a forma federativa, a única que poderia oferecer a estabilidade para o cumprimento das leis, a vontade geral. Pressupondo um homem levado por paixões inerentes à sua natureza, liberdades fundamentais, republicanismo e federalismo, conceitos que em teoria política são muitas vezes antagônicos, encaixavam-se de forma necessária no modelo imaginado por Madison.

A defesa destas liberdades, que no plano jurídico se revestem sob a forma de direitos individuais, foram um dos principais enfoques do projeto federalista norte-americano (bastante inspirado por Montesquieu), cujo debate acirrado entre federalistas e antifederalistas levou à reflexão a respeito da necessidade ou não de se fazer reconhecer um rol de direitos na Constituição, além de outras questões fundamentais[89]. Sobre este aspecto, comenta Grondona: "Hamilton suspeitou que definir direitos é limitá-los. Definir é colocar uma cerca, colocar limites. Se eu defino um direito, a definição o limita. Por isso, quanto mais leis que 'regulamentem seu exercício' existirem, menos direitos teremos"[90].

Tanto os federalistas quanto os antifederalistas tinham um grande objetivo: assegurar a liberdade dos cidadãos e evitar qualquer forma de governo tirano e opressor. Isso pode ser constatado em diversas passagens escritas por tanto por Madison[91] quanto por Jefferson[92].

---

[89] Leciona nesse sentido Onuf: "The Federal Constitution embodied conceptions of statehood and the union that had emerged in the decade after independence and were implicit in provisions for territorial government. The struggle between friends and opponents of the new union did not betray fundamental differences in the definitions of these key terms. Federalists and Antifederalists drew on the same stock of political ideas, tirelessly and often indiscriminately invoking the authority of Montesquieu and other "celebrated writers." (ONUF, Peter S. *The Origins of the Federal Republic.*, p. 173).

[90] GRONDONA, Mariano. *Os Pensadores da Liberdade*: de John Locke a Robert Nozick. Tradução de Ubiratan Borges de Macedo. São Paulo: Mandarim, 2000, p. 66.

[91] Madison ressalta a importância da liberdade em diversos escritos em *The Federalist*.

[92] Destaca-se algumas correspondências de Thomas Jefferson em meio ao fervoroso cenário de entraves políticos nos Estados Unidos, nos anos após a promulgação da Constituição. Em carta da Benjamin Rush datada de 23 de setembro de 1800, escreve: "Jurei, perante o altar de Deus, eterna

O grande debate era uma questão eminentemente de justiça política: qual é a melhor forma de se garantir a liberdade.

Nesta ideia é que Philip Pettit[93] caracteriza como as três condições de se evitar a arbitrariedade e opressão em um Estado republicano. A primeira é que o sistema constitua um império das leis e não dos homens. A segunda, é que os poderes sejam devidamente distribuídos entre diferentes órgãos. A terceira por fim é que a lei seja resistente à mera vontade da maioria. Essa terceira condição se coaduna diretamente com o forte pensamento liberal na defesa do indivíduo e com um sistema que permita uma distinção entre uma categoria normativa além das leis normais, que limite efetivamente também o poder de criação de leis.

A terceira destas condições reveste-se no movimento constitucionalista em seu sentido moderno – contrapondo-se aos conceitos de Constituição dos antigos ou documental – ou seja, perfazendo-se no ineditismo da ideia de normatividade constitucional. Para Marcelo Neves, "as Constituições em sentido moderno são normativas, não simplesmente porque se compõem de normas jurídicas, mas, especificamente, por apontarem para a diferenciação funcional entre direito e política, implicando a vinculação jurídica do poder"[94].

O constitucionalismo norte-americano mostrou uma inovação na história do pensamento jurídico ao conseguir uma conciliação entre a vontade política como legitimadora da lei e a proteção de direitos individuais, ainda que como forma de contrariar a vontade da maioria, inerente ao mito da vontade geral rousseauniana. A calibração em um primeiro momento do constitucionalismo americano entre a política e a normatividade permitiu o surgimento

---

hostilidade a toda forma de tirania sobre o espírito do homem". Também em correspondência de 12 de março de 1799, a Thomas Lomax: "O espírito de 1776 não morreu. Esteve apenas cochilando. O corpo do povo americano é substancialmente republicano". (JEFFERSON, Thomas. Escritos Políticos. Tradução de Leônidas Gontijo de Carvalho. São Paulo: Abril Cultural, 1985, pp. 21-23)

[93] PETTIT, Philip. *Republicanismo:* Una teoría sobre la libertad y el gobierno. Barcelona: Paidos, 2009, pp. 227-228.

[94] NEVES, Marcelo. *Transconstitucionalismo.* São Paulo: Martins Fontes, 2009, p. 21.

de um modelo de Estado pensado em baseado em uma soberania popular exercida por meio de uma democracia constitucional, que ao mesmo tempo fosse conciliável com uma autonomia individual frente à vontade representada do Estado[95].

Explica neste contexto Renault que foi impreterível no projeto constitucional, "para o povo não perder a soberania, transformar a democracia como modo de governo (democracia direta) para salvar a democracia enquanto teoria da soberania (soberania do povo)" [96]. Comenta Mansfield Junior que "um sistema de interesses não é nada mais que a definição rigorosa de um país de dependentes. Para ser independente, alguém terá que escolher; mas escolher é quase sempre dispendioso, e mais fácil [...] é deixar que alguém escolha por você"[97]. A democracia direta poderia ser funcional em pequenas comunidades, mas em uma extensa área territorial a democracia representativa é capaz de manter a titularidade da soberania no povo sem provocar-lhe uma entropia, no sentido dito acima por Renault.

A necessidade da proteção do indivíduo pela forma jurídica dos direitos subjetivos inicialmente não se encontrava expressa na defesa dos federalistas por considerarem uma arquitetura constitucional restrita às competências de cada órgão estatal. O que a Constituição

---

[95] Nesse sentido Ferrajoli faz interessante observação: "As constituições outra coisa não são que contratos sociais em forma escrita e positiva: pactos fundantes da convivência civil gerados historicamente pelos movimentos revolucionários que foram impostos aos poderes públicos, de outra forma absolutos, como fontes de sua legitimidade. E no sentido de que a ideia de contrato social é uma metáfora da democracia: da democracia política, dado que alude ao consenso dos contraentes e vale então fundar, pela primeira vez na história, uma legitimação de baixo, e não do alto, do poder político; mas também uma metáfora da democracia substancial, dado que esse contrato não é um novo acordo, mas tem como cláusulas e, conjuntamente como causa e razão precisas, a tutela dos direitos fundamentais, cuja violação por parte do soberano legitima a ruptura do pacto e o exercício do direito de resistência". (FERRAJOLI, Luigi. *Por uma Teoria do Direitos e dos Bens Fundamentais*. Tradução de Alexandre Salim et.al. Porto Alegre: Livraria do Advogado, 2011, p.29)

[96] RENAULT, Alain. Revolução americana, revolução francesa. In: RENAULT, Alain. *História da Filosofia Política, vol 4:...*, p. 26.

[97] MANSFIELD JUNIOR, Harvey C. Governo Constitucional: a alma da democracia moderna. In: KRISTOL, Irving. [et al.] *A Ordem Constitucional Americana (1787-1987)*. Rio de Janeiro: Forense Universitária, 1988, p. 95.

não permitisse como ação ou criação normativa, o poder do Estado não deveria agir. Há uma concepção liberal do poder político, no qual o Estado deveria participar minimamente da sociedade e uma basilar ideia de federalismo no qual a União não adentraria no poder de cada Estado, apenas seria o espaço de resolução de conflitos entre estes e trataria de assuntos gerais.

Todavia, a União deveria também ser útil, de acordo com Madison, para combater a formação e consolidação das facções, para o autor o maior dos perigos naquela emergente nação. Dentro do debate republicano, os efeitos de uma facção poderiam ser combatidos de pelos próprios mecanismos políticos por meio da votação. A votação quando um partido faccioso não é maioria impede que os interesses particularizados desse bloco político afrontem os ditos interesses comuns a todos.

A grande questão é como defender o governo republicano quando a facção se forma como maioria no governo. Uma vez que o principal foco desse estado de tensão seja a vontade maioritária atentando contra interesses minoritários, o Estado deve ser capaz de conter esse domínio a se evitar tal opressão. Esta era uma das iniciais preocupações de Madison, como anteriormente exposto ao se demonstrar o que ele entende por facção. Desta forma, o importante justamente era oferecer uma forma constitucional de proteção aos cidadãos e evitar o uso da coisa pública para as finalidades não virtuosas que as facções poderiam destinar. Neste sentido, explana Madison, "assegurar o bem público e os direitos individuais contra o perigo de tais facções, e ao mesmo tempo preservar o espírito e a forma do governo popular, é então o grande objetivo ao qual nossas indagações são dirigidas".[98]

Verifica-se que é possível inferir uma relação necessária entre o liberalismo em suas concepções mais basilares, como as obras de John Locke, e a necessidade de proteção dos direitos individuais no

---

[98] HAMILTON, Alexander; MADISON, James; JAY, John. *The Federalist*. Edited with historical and literary annotations, and introduction, by J.R.Pole. Indianapolis: Hackett Publishing Company, 2005, p. 51. Do original em inglês: "To secure the public good, and private rights against the danger of such a faction, and at the same time to preserve the spirit and the form of popular government, is then the great object to which our enquiries are directed."

Federalista 10, uma das bases para todo pensamento explanado posteriormente na obra por Madison e os demais coautores. O constitucionalismo norte-americano emergente é liberal em suas raízes, uma vez que a finalidade última do Estado é a proteção desses direitos do indivíduo.

O desenho institucional dos Estados Unidos se direciona para a proteção desses direitos. Em um primeiro momento pela existência de uma Constituição que seja uma norma acima das outras leis produzidas pelo Congresso e que dê a elas validade. Além disso, a Constituição determina os limites possíveis dos poderes políticos de criação de normas e de sua execução pelo Estado. Com a Constituição de 1787, efetivamente pode-se observar o Poder Constituinte Originário efetivamente impondo limites ao Poder Constituído e esse limite é precisamente a normatividade constitucional.

Os freios e os contrapesos como metaestabilidade na doutrina da separação do poder

Para a contenção das facções que se formavam na sociedade era necessário que o poder soberano fosse exercido de forma organizada pelos representantes do povo, respeitando os princípios políticos republicanos, mas não forma concentrada em um único órgão. A concentração das funções do Estado era uma porta aberta pra o autoritarismo autocrata, extremo que os Federalistas e seus adversários políticos repudiavam.

Além do modelo federativo, que tinha como objetivo evitar invasões estrangeiras e garantir uma estabilidade interna com um governo republicano, a doutrina da separação do poder tem o propósito de evitar a tirania e é igualmente importante para assegurar a liberdade do cidadão.

O diálogo que "O Federalista" faz com Montesquieu sobre a organização federal como meio de defesa contra as ameaças externas e internas é também observável no que diz respeito à garantia das liberdades públicas. Montesquieu aponta a relação entre a vontade de se evitar o despotismo, a pior das formas de governo, e a necessidade de proteção da liberdade, que em tal forma de governo não pode ser respeitada em razão justamente do descumprimento das leis pelo próprio governante.

Nesse caso, a linha entre o sentido de monarquia empregada por Montesquieu e de despotismo é bem definida: ambos são governos de uma só pessoa, mas a diferença é justamente que o governo despótico é feito com medo ao invés de honra e há um desrespeito possível às leis. Isso quer significar que no despotismo o governante está acima do direito, enquanto na monarquia seu poder político é pelo limitado pelo direito. As leis do Estado cumprem exatamente a função neste caso de evitar um governo despótico. O absolutismo, na visão de Montesquieu, seria certamente um exemplo de despotismo que não permite que o homem tenha sua liberdade.

O autor francês vê na Inglaterra uma forma de governo ideal, já que é monárquico porque há uma submissão do monarca às leis em contraposição ao absolutismo na França. A questão da garantia desta submissão do governante às leis tem uma explicação precisa no Estado inglês: as potências soberanas não estão concentradas no monarca, mas distribuídas em outros órgãos, havendo uma separação de exercício do poder soberano. Nesse caso, é essencial que para que um governo não se torne despótico que ele não seja exercido por apenas uma pessoa; é necessário que haja uma separação deste poder para que a liberdade do homem possa ser assegurada.

Apesar do repúdio à monarquia, os federalistas se influenciaram imensamente pela tese da separação do poder na obra de Montesquieu, como distribuição de competências para que cada um dos órgãos – doravante chamados de poderes – exercesse uma potência soberana independentemente de outros, sem submissão. Todavia, o projeto constitucional para separação do poder funcionar havia uma característica fundamental. Não basta apenas a separação, já que isso poderia levar a um enrijecimento desastroso na condução do Estado e uma disputa entre os poderes. A fórmula proporciona a efetiva separação do poder precisava de um elemento para lhe dar flexibilidade: o sistema de freios e contrapesos, do termo em inglês *checks and balances*, que proporciona uma metaestabilidade.

Havia uma disputa política sobre a forma da separação do poder. Enquanto os federalistas defendiam a flexibilização na separação, de forma que de os poderes participassem das funções típicas do outro e estivessem em si vinculados, os antifederalistas tinham em mente que a melhor saída era justamente a separação absoluta do poder, para garantir a independência de cada poder no exercício de suas atividades básicas estatais: legislar, administrar e julgar.

Os antifederalistas, defensores do sistema de democracia representativa mais próxima da antiga democracia direta, em um viés deliberativo[99], criticavam o sistema de freios e contrapesos porque entendiam que em um regime efetivamente democrático, o controle do poder deveria ter origem do povo para as instituições e não entre elas.[100] Entre os poderes da república, o poder legislativo era o que representava melhor a vontade popular. [101] Logo, uma limitação da

---

[99] "A audiência pública correspondia à Assembleia na antiga Atenas, mas os administradores eram eleitos, em vez de, como em Atenas, escolhidos por sorteio. Num governo moderno, a democracia direta do tipo praticado nas audiências públicas na Nova Inglaterra ou do tipo ateniense dá lugar à democracia representativa, apesar de às vezes os bolsões de democracia direta, com nos referendos da Suíça ou da Califórnia". (POSNER, Richard. *Direito, Pragmatismo e Democracia*. Tradução de Teresa Dias Carneiro. Rio de Janeiro: Forense, 2010, p. 108.) Neste mesmo sentido, escreve Gargarella: "afirmar a ideia de um sistema representativo implicava negar as pretensões de muitos antifederalistas, que pareciam defender um sistema de governo mais descentralizado e mais afim à democracia direta." (GARGARELLA, Roberto. Em nome da constituição..., p. 185.)

[100] Conforme escreve Jefferson: "Considero o povo que constitui a sociedade como a finte de toda a autoridade nessa nação; como sendo livre para conduzir seus interesses comuns através de quaisquer órgãos que julgue adequados; para modificar esses órgãos individualmente ou sua organização na forma ou função sempre que lhe apraz;" Ainda também portanto defende Jefferson, em sua ideia de republicanismo que "a *lex majoris partis* constitui lei fundamental de toda sociedade de indivíduos de iguais direitos". (JEFFERSON, Thomas. *Escritos Políticos*..., p23 e p. 27)

[101] Nesse sentido, leciona Gargarella: "A principal razão que motivou os antifederalistas a criticarem o sistema de "freios e contrapesos" foi a convicção de que se deveria resguardar o poder da Legislatura. O raciocínio dos críticos da Constituição era simples e atraente. Em sua opinião, se o poder do povo encontrava lugar fundamentalmente no Poder Legislativo, não se justificava a existência de tantas travas capazes de diluir a vontade coletiva, nem de "filtros" capazes de distorcer a voz pública. Criticar o sistema dos mútuos controles, dessa maneira, passou a ser uma forma de proteger o pensamento majoritário." (GARGARELLA, Roberto. Em nome da constituição..., p. 176.)

função legislativa por outros poderes seria uma forma antidemocrática de condução do Estado, já que contrariaria a posição majoritária firmada por meio do voto.

Madison escreve os argumentos sobre o sistema de freios e contrapesos principalmente no Federalista 51. Na defesa da liberdade, é necessário que a separação de poderes seja desenvolvida de forma a possibilitar que cada um deles possa exercer de forma distinta e autônoma suas atividades.[102] Os poderes devem ser o máximo possível independentes um dos outros, inclusive o executivo o judiciário do legislativo nas questões orçamentárias, já que se isso não fosse possível a independência seria meramente nominal.[103]

Todavia, ainda com a separação de poderes, pela natureza de cada uma das organizações, o legislativo, em um regime republicano, tenderia a ser o mais forte.[104] A solução para evitar esse desequilíbrio seria dividi-lo em duas partes diferentes, com diferentes funções específicas e diferente modo de eleição. A obra desenvolve os argumentos sobre as casas legislativas, incialmente sobre a Câmara dos Representantes, a partir do Federalista 52 e do Senado a partir do Federalista 62.

Na república federal norte-americana em especial, Madison chama a atenção para dois aspectos.[105] O primeiro é a dificuldade em usurpação do poder. O governo é dividido em dois âmbitos separados, o Federal e o Estadual e estes por sua vez têm duas divisões. As diferentes dimensões do poder estabelecem uma vigilância recíproca, e em cada uma delas, há por sua vez um mútuo controle de um poder em relação ao outro. O segundo é a proteção

---

[102] HAMILTON, Alexander; MADISON, James; JAY, John. *The Federalist.* Edited with historical and literary annotations, and introduction, by J.R.Pole. Indianapolis: Hackett Publishing Company, 2005, p. 281.

[103] HAMILTON, Alexander; MADISON, James; JAY, John. *The Federalist.* Edited with historical and literary annotations, and introduction, by J.R.Pole. Indianapolis: Hackett Publishing Company, 2005, p. 281.

[104] HAMILTON, Alexander; MADISON, James; JAY, John. *The Federalist.* Edited with historical and literary annotations, and introduction, by J.R.Pole. Indianapolis: Hackett Publishing Company, 2005, p. 282.

[105] HAMILTON, Alexander; MADISON, James; JAY, John. *The Federalist.* Edited with historical and literary annotations, and introduction, by J.R.Pole. Indianapolis: Hackett Publishing Company, 2005, p. 282.

das minorias contra a maior parte da população. Proteger a sociedade contra a opressão dos governantes não é o bastante; é necessário proteger os direitos das minorias contra a vontade predominante da maioria, que pode muitas vezes ser também opressora.

Em uma federação, deve existir um equilíbrio que evite formação de uma maioria entre os Estados membros, inclusive em relação aos próprios, de forma que boa parte dos Estados seja privilegiada em demasia em relação aos outros.

Madison entende que a justiça é o fim do governo e da sociedade civil[106]. O propósito de garantir a liberdade do cidadão deve ser sempre perseguido. Uma vez, como fica bem evidente em todo o "O Federalista", os grupos majoritários são facções que geram um dos dois extremos a serem evitados (como mais bem explorado no Federalista 10): a tirania e a anarquia. A duas situações vão de encontro à proteção da liberdade. Sobre isso, Madison adverte sobre um estado de natureza no qual não há nada que assegure que os mais fracos não sofram violência pelos mais fortes, com inspiração fortemente hobbesiana.

É bem interessante verificar que a grande preocupação não é pensar uma ética dos governantes, mas sim um desenho institucional que fosse equilibrado o suficiente para evitar perda da liberdade. Todavia, o equilíbrio deve ser estabelecido de forma que não seja suficientemente rígido a ponto de ser ineficaz.

Verifica-se, portanto, o grande objetivo do projeto federalista: um Estado unido por uma Constituição e que em razão dela pudesse fragmentar a concentração do poder político. O equilíbrio dado pelo sistema de freios e contrapesos é necessário tanto na divisão horizontal quanto na vertical[107]. O novo Estado somente poderia ser

---

[106] HAMILTON, Alexander; MADISON, James; JAY, John. *The Federalist*. Edited with historical and literary annotations, and introduction, by J.R.Pole. Indianapolis: Hackett Publishing Company, 2005, p. 283.

[107] "Federalism is a fundamental checking and balancing attribute of American government. It is often viewed as an old-fashioned and a dull sbject. But it is strongly operative and very much alive! Our federal system isa safety valve - an instrument for political calibration, accommodation, and innovation. That is the genius of American federalismo". (NATHAN, Richard. There Will Always Be a New Federalism. *Journal of Public*

efetivamente republicano se transformasse a ideia de democracia direta e deliberativa em uma democracia representativa que une representantes e representados a nível constitucional[108], adaptável e a serviço dos direitos e liberdades fundamentais. Na tensão constante entre direitos e democracia, os primeiros devem prevalecer sobre a segunda, de forma a evitar a tirania e garantir o efetivo funcionamento das instituições constitucionalmente estabelecidas como salvaguarda contra a anarquia.

Referências

CASALINI, Brunella. Popular Sovereignty, the Rule of Law, and the "Rule of Judges" in the United States. In: COSTA, Pietro; ZOLO, Danilo. *The Rule of Law:* History, Theory and Criticism. Dordrecht: Springer, 2007.

FERRAJOLI, Luigi. *Por uma Teoria do Direitos e dos Bens Fundamentais.* Tradução de Alexandre Salim et.al. Porto Alegre: Livraria do Advogado, 2011.

GARGARELLA, Roberto. Em nome da constituição. O legado federalista dois séculos depois. In: BORON, Atilio A. *Filosofia política moderna:* De Hobbes a Marx. CLACSO, Consejo Latinoamericano de Ciencias Sociais; DCP-FFLCH, Departamento de Ciências Políticas, Faculdade de Filosofia Letras e Ciências Humanas, USP, Universidade de São Paulo. 2006.

Administration Research and Theory: J-PART, Oxford, Vol. 16, No. 4, pp. 499-510, 2006, p.508)

[108] Jellinek entende que a ideia de representação é jurídica. Defende o autor em sua clássica obra que "la voluntad del Parlamento es inmediatamente voluntad popular; pero entre el pueblo y el Parlamento no existe lazo jurídico alguno análogo al que representa el mandato, la comisión u otra categoría análoga. Sea cual fuere el fundamento jurídico del miembro de una cámara, elección, nombramiento, posesión de un determinado cargo, etc., el acto de creación jamás concede un derecho del creador sobre el órgano creado, sino que más bien los derechos y deberes de unos y otros nacen exclusivamente de la Constitución". (JELLINEK, Georg. *Teoría General del Estado.* Traducción Enrique Figueroa Alfonzo. Ciudad del México: Editorial Iberoamericana, 1997, p. 349.).

GRONDONA, Mariano. *Os Pensadores da Liberdade*: de John Locke a Robert Nozick. Tradução de Ubiratan Borges de Macedo. São Paulo: Mandarim, 2000.

HAMILTON, Alexander; MADISON, James; JAY, John. *The Federalist*. Edited with historical and literary annotations, and introduction, by J.R.Pole. Indianapolis: Hackett Publishing Company, 2005.

HOBBES, Thomas. *Do Cidadão*. Trad. Renato Janine Ribeiro. São Paulo: Saraiva, 2002.

JEFFERSON, Thomas. *Escritos Políticos*. Tradução de Leônidas Gontijo de Carvalho. São Paulo: Abril Cultural, 1985.

JELLINEK, Georg. *Teoría General del Estado*. Traducción Enrique Figueroa Alfonzo. Ciudad del México: Editorial Iberoamericana, 1997.

KRIELE, Martin. *Introducción a la Teoría del Estado*. Trad. Eugenio Bulygin. Buenos Aires: Depalma, 1980.

MANSFIELD JUNIOR, Harvey C. Governo Constitucional: a alma da democracia moderna. In: KRISTOL, Irving. [et al.] *A Ordem Constitucional Americana (1787-1987)*. Rio de Janeiro: Forense Universitária, 1988.

NATHAN, Richard. There Will Always Be a New Federalism. *Journal of Public Administration Research and Theory*: J-PART, Oxford, Vol. 16, No. 4, pp. 499-510, 2006.

NEVES, Marcelo. *Transconstitucionalismo*. São Paulo: Martins Fontes, 2009.

ONUF, Peter S. *The Origins of the Federal Republic*: Jurisdicional Controversies in the United States, 1775-1787. Philadelphia: Universit of Pennsylvania Press, 1983.

PETTIT, Philip. *Republicanismo:* Una teoría sobre la libertad y el gobierno. Barcelona: Paidos, 2009.

POSNER, Richard. *Direito, Pragmatismo e Democracia*. Tradução de Teresa Dias Carneiro. Rio de Janeiro: Forense, 2010.

RENAULT, Alain. *História da Filosofia Política, vol* 4: As Críticas da Modernidade Política. Lisboa: Instituto Piaget: 2000.

4

KANT: A PAZ PELO FEDERALISMO

Direito e liberdade

A filosofia crítica de Immanuel Kant modificou a forma de se pensar o direito moderno e possibilitou uma ressignificação na ideia de direito natural, até então mergulhado em um "sono dogmático". Evidentemente a descrição kantiana sobre o direito é o resultado de suas reflexões iniciais sobre epistemologia desenvolvidas na Crítica da Razão Pura.

O primeiro aspecto da obra de Kant a ser debatida é sua epistemologia. Kant questiona como é possível o conhecimento científico dos conceitos. Para isso, ele inicia um árduo caminho a respeito do objeto do conhecimento e do processo do conhecer, que envolvem as questões sensitivas e categóricas. A Crítica da Razão Pura é uma ciência especial "que contém os princípios para conhecer algo absolutamente a priori. Um *órganon* da razão pura seria um conjunto daqueles princípios segundo dos quais todos os conhecimentos puros a priori podem ser adquiridos e efetivamente realizados"[109].

No seu debate sobre se é possível conhecer os conceitos da Metafísica – que devem ser independentes de experiência – Kant acaba por concluir que a pretensão é contraditória em si: não é possível conhecer os conceitos da metafísica, ou seja, das coisas em si, sem ultrapassar as limitações do ato de conhecer, que o autor analisa na Estética e na Analítica transcendental. Então, não sendo possível saber os conceitos em si como um conhecimento puramente teórico, é possível que seja determinado de outra forma? Kant afirma que os conceitos podem ser conhecidos também sem sua dimensão prática, ou seja, não são cognoscíveis em um ato especulativo e sim em uma ação. Neste sentido apenas é que podem ser encontrados os conceitos da Metafísica.

O sujeito racional é colocado no centro da filosofia crítica; Kant mais que todos os seus contemporâneos e antepassados expressa o paradigma do sujeito. A realidade é moldada pela atividade racional do indivíduo e é concebida como o resultado da perfeita leitura do mundo realizada pelo ser humano.

Não sendo possível ser alcançada pelo conhecimento especulativo, a liberdade é realizada pela razão prática devido a condutas do homem reveladas pela sua própria capacidade de pensar racionalmente. A razão, chave para a liberdade, guia a vontade humana por meio de leis racionais, comandos que são originados dela própria; neste sentido, o homem é capaz de se comportar de acordo com leis reveladas de forma apriorística, o que gera a condição de autonomia. Estas leis racionais são leis morais.

Para se compreender a relação entre moral e liberdade, culminada na noção de imperativo categórico, é necessário verificar a evolução do conceito que o autor desenvolve em sua Fundamentação da Metafísica dos Costumes: "age apenas segundo uma máxima tal que possas ao mesmo tempo querer que ela se torna lei universal"[110]. O imperativo categórico é uma fórmula racional que determina que a

---

[109] KANT, Immanuel. *Crítica da Razão Pura*. 2 ed.Trad. Valério Rohden. São Paulo: Abril Cultural, 1983, pp. 32-33

[110] KANT, Immanuel. *Fundamentação da Metafísica dos Costumes*. Trad. Tania Maria Bernkopf. São Paulo: Abril Cultural, 1984, p. 129.

vontade humana deve agir apenas pelo dever e não agir com uma intenção de se alcançar alguma finalidade.

A moralidade do agir é guiada por um tipo de comando racional que estabelece um dever sem uma finalidade para sua destinação, o denominado imperativo categórico.

Na definição de Kant, o imperativo categórico "é aquele que representa uma ação como objetivamente necessária e a torna necessária não indiretamente através da representação de algum fim a ser atingido pela ação, mas através da mera representação dessa própria ação"[111]. O conteúdo desse imperativo é uma ordem da razão simples e com um caráter de pressuposição: cada um deve agir de forma que sua ação se torne uma lei universal, ou seja, deve-se agir como se de forma pressuposta todas as pessoas agissem da mesma forma; há um sentido de comando destinado a uma universalidade de sujeitos.

Este comando racional revela uma máxima que determina que o homem deva agir como se tal conduta seja transformada em uma lei racional universal; desta forma, cada homem deve agir como se sua ação fosse esperada e realizada também por todas as outras pessoas. A vontade de agir conforme este imperativo de moralidade deve ser motivado apenas pelo dever, sem de deixar desviar por impulsos emocionais. Conforme explica Michael Sandel sobre o imperativo categórico kantiano, "o valor moral de uma ação não consiste suas consequências, mas na intenção com a qual é realizada. O que importa é o motivo, que deve ser de uma determinada natureza. O que importa é fazer a coisa certa porque é a coisa certa"[112].

Quando o homem age moralmente, ele exerce sua liberdade. Sobre tal afirmativa, observa Palombella: "Kant define como moral uma ação que derive da boa vontade, e é boa a vontade que parta apenas do impulso de obediência ao dever moral, do imperativo categórico, o imperativo moral como único fim"[113].

---

[111] KANT, Immanuel. *A Metafísica dos Costumes*. Trad. Edson Bini. Bauru: Edipro, 2008, p. 65.

[112] SANDEL. Michael. *Justiça*: O que é fazer a coisa certa. Trad. Heloisa Matias. Rio de Janeiro: Civilização Brasileira, 2012, p.151.

[113] PALOMBELLA, Gianluigi. *Filosofia do Direito* Trad. Ivone Benedetti. São Paulo: Martins Fontes, 2005, p. 63.

A liberdade é o único direito inato de cada homem. É uma perspectiva transcendental da razão prática pura. A liberdade, fundamento da razão prática, é o direito inato e o valor que condiciona o ideal por trás das normas do direito público; "é o único direito original pertencente a todos os homens em virtude da humanidade deles" [114]. Percebe-se uma justificativa jusnaturalista, mas com uma noção de direito natural de índole racionalista. O inatismo do direito é fruto do exercício racional da ação moral dada pelo imperativo categórico. Somente é possível conhecer a liberdade pela ação – o que Kant desenvolve após uma metafísica não possível de ser conhecida pela especulação pura, apenas pela prática pura.

A liberdade, nesse sentido, não existe como conceito empírico, mas apenas como uma ideia *a priori* que fundamenta toda a doutrina do direito de Kant. Este direito inato, transcendental, é de direito natural enquanto *Naturrecht*, uma ideia racional de liberdade. O conceito mesmo de 'natural' torna-se, em Kant, idêntico a racional; as leis naturais tornam-se imperativos a priori da razão. O conceito de estado de natureza se traduz em ideia da razão. O direito, por sua vez, não é estudado por aquilo que historicamente vige, mas por aquilo que uma dedução racional define como pertencente ao *justum* e *injustum* e que está (ou deveria estar) no fundamento de toda legislação positiva[115].

A noção de direito natural como *Naturrecht* é o direito intato de liberdade, que Kant escreve na Introdução da Doutrina do Direito. Tanto o direito público (*öffentliche Recht*) quanto o direito privado (também de natureza) pré-contratual (*natürliche Recht*) encontram no *Naturrecht* seu fundamento. O *Naturrecht* pertence à uma categoria humana derivada de um comportamento baseado na lei racional.

O *Naturrecht* serve de fundamento para outra designação de direito natural na filosofia crítica kantiana, o *natürliche Recht*, que corresponde a um direito privado em um estado de natureza racional, mas sem a existência ainda do direito público.

O *natürliche Recht*, é o direito privado no estado de natureza, sem

---

[114] KANT, Immanuel. *A Metafísica dos Costumes*. Trad. Edson Bini. Bauru: Edipro, 2008, p. 83
[115] PALOMBELLA, Gianluigi. *Filosofia do Direito* Trad. Ivone Benedetti. São Paulo: Martins Fontes, 2005, p. 70.

a existência do Estado civil e que não se opõe a ele. Esses direitos têm características privada, pois são adquiridos (no sentido kantiano) das relações sociais entre os homens, mas sem ainda a segurança recíproca necessária para a efetividade dos direitos; para tal são necessárias autoridades para a criação de leis jurídicas (que são heterônomas, diferentes das leis racionais) e para sua aplicação, como os juízes.

Nesta situação, o direito privado é apenas um direito provisório, sendo adquirido por meio das ações humanas guiadas pela vontade livre – de acordo com a lei moral – e possibilitada pelo direito inato[116]. Para se confirmar como peremptória, o *natürliche Recht*, necessita da saída desta condição de racionalidade para uma realidade política, por meio de um contrato social, após o qual é formado o *öffentliche Recht*, o direito público.

O direito público, formado pela união das vontades em uma grande vontade geral, tem por sua vez três níveis: o primeiro é o direito do Estado, formado pela associação dos homens, dotado de poder soberano que se manifesta em três poderes necessários e subordinados a uma Constituição – que neste sentido kantiano como uma forma jurídica correspondente à ideia transcendente do *Naturrecht* – que deve ser republicana.

No nível do direito público acima do Estado estão o direito das gentes, que regulamenta a conduta dos Estados livres, cuja grande finalidade é a condição de paz, e o direito cosmopolita, em um ideal racional federalista e pacifista.

---

[116] "Kant distinguishes between innate right' and 'acquired right, dealing with the first only in the Introduction to the "Doctrine of Right" and with only the latter under the rubric of 'Private Right'; both of these in turn are to be enforced through the political mechanisms described under 'Public Right' (basically, by means of criminal and civil law respectively, although Kant does not spell this out). The distinction between innate and acquired right is basically that between rights that everyone ought to have without the antecedent consent of others and rights that people can acquire only through the consent of others, for example the right to freedom from unprovoked assault on one's body, on the one hand, and the right to enjoyment of a piece of property acquired from someone". (GUYER, Paul. *Kant*. London: Routledge, 2006, p.226.)

Federalismo e paz

A compreensão do ideal federativo de Kant requerer pensar o sentido e os níveis do *öffentliche Recht*. Incialmente, não se pode esquecer que Kant é um contratualista, possivelmente o último grande contratualista até Rawls no Século XX. Como é cediço no pensamento contratualista – que apesar das divergências de conteúdo possuem uma estrutura muito parecida –, há uma sequência de situações que buscam hipoteticamente legitimar a formação política. Como visto, o contratualismo de Kant segue uma estrutura parecida, apesar da imensa diferença de conteúdo em relação aos seus predecessores mais notáveis (Hobbes, Locke e Rousseau), inclusive com fundamentos muito mais complexos e refinados.

O contrato social proposto por Kant não é meramente hipotético; é, pois, uma ideia presente na mente das pessoas que foram um corpo político, o povo, motivada pela convergência de vontades. Tal confluência forma uma vontade geral que inerentemente é pública. Soraya Nour destaca que a teoria kantiana se distingue das teorias dos contratualistas pretéritos "por não pressupor que a liberdade seja limitada, mas sim deixada totalmente em favor da aquisição da liberdade como autonomia: o homem abandona a 'liberdade selvagem e sem lei' para 'reencontrar em um estado jurídico sua liberdade em geral'"[117].

Kant, ao justificar o porquê da dignidade superior do Estado, o pensa como resultado deste contrato social celebrado pela união de todas as vontades em uma. Desta forma, "a se expressar rigorosamente, o contrato original é somente a ideia desse ato, com referência ao qual exclusivamente podemos pensar na legitimidade do Estado"[118]. É preciso notar que o contrato de Kant é em si a consubstanciação de uma máxima moral que possibilita a coexistência das vontades das pessoas, oriundas da razão de cada qual que livre será se agir em conformidade com o imperativo

---

[117] NOUR, Soraya. *À Paz Perpétua de Kant:* Filosofia do Direito Internacional e das Relações Internacionais. São Paulo: Martins Fontes, 2004, p. 41.
[118] KANT, Immanuel. *A Metafísica dos Costumes.* Trad. Edson Bini. Bauru: Edipro, 2008, p. 158.

categórico, ou seja, a ação pensada na ação de todas as outras pessoas. Neste sentido é que Kant afirma que:

> Da pressuposição desta ideia decorreu porém também a consciência de uma lei de ação que diz que os princípios subjetivos das ações, isto é, as máximas, tem que ser sempre tomados de modo a valerem também objetivamente, quer dizer, a valerem universalmente como princípios e portanto a poderem servir para nossa própria legislação universal[119].

Como contratualista, Kant segue seus predecessores na forma de se definir o Estado: "a união de uma multidão de seres humanos submetida a leis de direito"[120]. O que seriam estas "leis de direito" a que Kant se refere em sua definição? A resposta, em conformidade com seu pensamento, não parece ser outra que não que as leis de direito são as leis emitidas pelas autoridades com fundamento no *Naturrecht*, ou seja, no direito inato de liberdade. Este simples aspecto na definição de Kant diz muito sobre a essência de seu pensamento jurídico-político, especialmente em relação à discussão de legitimidade das leis do Estado.

A noção de separação dos poderes é também pensada por Kant como uma consequência lógica da formação do *öffentliche Recht* em seu primeiro nível, o direito do Estado. A vontade geral que forma o Estado é manifestada em três atribuições básicas (*Gewalten*), na ordem lógica: (i) a soberania, exercida pelos legisladores, o equivalente ao Poder Legislativo; (ii) o governo executivo, exercido dentro dos limites determinados pelos legisladores, ou seja, em conformidade com a lei; (iii) o judiciário, que em conformidade também com a lei, deve aplicar o direito a cada caso.

As três atribuições básicas do Estado devem ser pensadas necessariamente nesta ordem: legislativa, executiva e judiciária. É o silogismo prático da teoria kantiana, que obedece ao seguinte raciocínio:

i) *Obersatze*: a lei enquanto expressão da vontade geral, emitida

---

[119] KANT, Immanuel. *Fundamentação da Metafísica dos Costumes*. São Paulo: Abril Cultural, 1983, p. 151.
[120] KANT, Immanuel. *A Metafísica dos Costumes*. Trad. Edson Bini. Bauru: Edipro, 2008, p. 155.

pelo legislativo. É a premissa maior do silogismo;

ii) *Untersatze*: correspondente à premissa menor do silogismo, é a ordem para que haja o comportamento em geral de acordo com a lei, a premissa maior. Esta é a atribuição do executivo;

iii) *Schlusssätze*: é a parte final do silogismo prático, sua conclusão. Exprime-se na sentença do juiz, que corresponde à normatização da aplicação da lei em um caso concreto.

Do equilíbrio entre estas três atribuições do Estado, que se perfazem em seus três poderes, vem o caráter público. É uma vigilância recíproca. Na formação da Constituição, cada poder funciona como uma pessoa moral que complementa a outra, de modo que todos sejam subordinados ao conjunto em si e que não possam usurpar os poderes do outro[121].

Sobre este aspecto, Paul Guyer deixa bem evidente que no pensamento político de Kant o "poder executivo de um Estado existe para fazer cumprir as leis aprovadas pelo Legislativo e não para servir os seus próprios interesses, insistindo que, em uma Constituição genuinamente republicana o governante não pode ser considerado como o proprietário da terra"[122].

Uma vez estabelecido o primeiro nível do direito público, o direito do Estado, sendo que Kant disserta a respeito e parte considerável da Doutrina do Direito, passa-se ao segundo nível, o direito das gentes. Este nível regula a relação entre os diversos Estados (cada qual com seu direito do Estado) por meio de normas jurídicas por eles mesmos estabelecidas. Como cada Estado, segundo Kant, é uma pessoa moral formada pela razão humana, é no direito das gentes "considerado como vivendo em relação com um outro Estado na condição de liberdade natural e, portanto, numa

---

[121] KANT, Immanuel. *A Metafísica dos Costumes*. Trad. Edson Bini. Bauru: Edipro, 2008, p. 158.

[122] GUYER, Paul. *Kant*. London: Routledge, 2006, p.293. Do original em inglês: "executive power of a state exists to enforce the laws passed by the legislature and not to serve its own interest by insisting that in a genuinely republican constitution the ruler cannot be regarded as the proprietor of the land".

condição de guerra constante"[123].

Especificamente, nessa altura do raciocínio, há uma breve semelhança com o estado de natureza hobbesiano considerado na relação entre soberanos. Há uma tensão constante na relação entre os diversos Estados. Semelhante à Hobbes, aqui também Kant enxerga uma condição de exercício que os Estados possam vir a ter de seu direito a entrar em guerra, uma vez que há a ausência de uma autoridade superior. Para evitar esta situação de conflito intermitente entre os diversos Estados, ora em guerra, ora em uma paz fragilizada, Kant propõe um novo contrato racional entre os Estados, mas diferente daquele que o forma o Estado em si.

Esse novo contrato formaria não um Superestado, com supremacia sobre todos os demais. O resultado deste novo pacto seria uma liga cuja obrigação de respeito entre os diversos Estados originada meramente do direito. A principal finalidade desta liga seria justamente repelir ataques externos.

A liga formada por estes Estados é condição para o estabelecimento do jus gentium, o direito comum a todos. O direito das gentes por sua vez origina três direitos relacionados à paz, sendo que os destinatários diretos são os próprios Estados:

i) o direito de estar em paz;

ii) o direito de ser assegurado por outros Estados;

iii) o direito de se aliar com outros Estados.

O estágio seguinte ao direito das gentes é o direito cosmopolita, com ampla liberdade de trocas comerciais entre os Estados e de trânsito entre os cidadãos de diversos Estados para quaisquer Estados. O vínculo da totalidade dos Estados não é ético, é jurídico. Kant conclui, após a explanação sobre os três níveis do direito público:

> Estabelecer a paz universal e duradoura constitui não apenas uma parte da doutrina do direito, mas todo o propósito final da doutrina do direito dentro dos limites exclusivos da razão, pois a condição de paz é a única condição na qual o que é meu e o que é teu estão assegurados sob as leis a uma multidão de seres humanos que vivem

---

[123] KANT, Immanuel. *A Metafísica dos Costumes*. Trad. Edson Bini. Bauru: Edipro, 2008, p. 186.

próximos uns dos outros e, portanto, submetidos a uma constituição[124].

Esta Constituição, segundo a doutrina de Kant, deve ser necessariamente republicana[125]. A ideia de Constituição não é empírica; do contrário é apriorística: "a razão do ideal de uma associação jurídica de seres humanos submetidos a leis públicas gerais"[126]. Todavia, Kant rejeita a ideia de uma revolução para instaurar tal ideia: "se essa tentativa for realizada por meio de reforma paulatina, fundada em princípios sólidos, poderá conduzir a uma aproximação contínua do mais elevado bem político, da paz perpétua"[127].

A Constituição republicana é fundada em três princípios, de acordo com Kant:

1°) O princípio da liberdade para todos os membros de uma sociedade, enquanto pessoas;

2°) O princípio da dependência de todos sob uma mesma legislação em comum, enquanto sujeitos;

3°) O princípio da igualdade jurídica para todos, enquanto cidadãos.

Somente uma Constituição baseada em tais princípios poderia ser a derivada da ideia de um contrato original. Assim, o republicanismo é a base de toda forma possível das Constituições[128]. Assim, Kant estabelece as bases para sua doutrina republicana no que ele denomina como primeiro artigo definitivo para a paz perpétua. A

---

[124] KANT, Immanuel. *A Metafísica dos Costumes*. Trad. Edson Bini. Bauru: Edipro, 2008, p. 197.
[125] KANT, Immanuel. Perpetual Peace: A Philosophical Sketch. In: REISS, H.S (edit.). *Kant Political Writings* Cambridge: Cambridge University Press, 1991, p.99.
[126] KANT, Immanuel. *A Metafísica dos Costumes*. Trad. Edson Bini. Bauru: Edipro, 2008, p. 197.
[127] KANT, Immanuel. *A Metafísica dos Costumes*. Trad. Edson Bini. Bauru: Edipro, 2008, p. 197.
[128] KANT, Immanuel. Perpetual Peace: A Philosophical Sketch. In: REISS, H.S (edit.). *Kant Political Writings* Cambridge: Cambridge University Press, 1991, p. 100.

consolidação desta ideia do que é a Constituição, como a possiblidade jurídica para os Estados avançarem do primeiro nível do direito público para o segundo, é essencial para justamente compreender a presença do federalismo na doutrina do direito de Kant.

Como já visto, a Constituição forma de modo legítimo o direito do Estado (o primeiro nível) e permite o avanço para o segundo nível, o direito comum entre os Estados, o direito das gentes, de modo a evitar uma conjuntura de tensão permanente e os levar à paz. Esta paz, contudo, depende do sucesso do direito das gentes em estabelecer aqueles três direitos acima mencionados: de estar em paz, de ser assegurado por outros Estados e de se aliar a outros Estados.

A ideia de federalismo em Kant está justamente presente neste nível do direito das gentes, que será explana da no segundo artigo definitivo para à paz perpétua. Para evitar confusões conceituais é necessário esclarecer que necessariamente federalismo não está vinculado à Estado federal, até mesmo por serem conceitos diferentes. Deste modo, a visão federativa de Kant, como parte de sua filosofia jurídica e política, está mais relacionada ao direito das gentes do que propriamente ao Estado federal, que à época dos escritos de Kant, tinha acabado de surgir como um novo modelo de organização política, justamente como os Estados Unidos da América.

Para Kant, cada um dos Estados, visando sua própria segurança, pode se associar a outros Estados em uma Constituição que seja similar à Constituição interna dos Estados. Sob esta Constituição comum de Estados, os direitos de cada um deles (os Estados) poderiam ser protegidos[129].

Esta associação é o que Kant denominará como federação de povos, que não é o mesmo que um Estado internacional[130]. A ideia de um Estado internacional parece, segundo Kant, contraditória. A razão é expressa de modo simples, apesar de levantar complexos

---

[129] KANT, Immanuel. Perpetual Peace: A Philosophical Sketch. In: REISS, H.S (edit.). *Kant Political Writings* Cambridge: Cambridge University Press, 1991, p. 102.

[130] KANT, Immanuel. Perpetual Peace: A Philosophical Sketch. In: REISS, H.S (edit.). *Kant Political Writings* Cambridge: Cambridge University Press, 1991, p. 102.

debates: cada Estado envolve uma relação de subordinação entre legisladores e sujeitos à lei. Um número de nações então para formar um Estado único necessitaria de uma autoridade superior, o que não parece possível.

O raciocínio de relação entre sujeitos e Estado no âmbito interno não se reverbera no plano entre Estados. Diferente das pessoas, que se submetem coercitivamente à uma Constituição, os Estados já possuem sua própria Constituição, não havendo um ser superior à obrigá-los a se submeter à uma Constituição mais ampla, não no plano do direito das gentes. O que poderia os obrigar então? Kant busca justificar com a própria razão: o poder moral. Este é um aspecto que merecer ser destacado dentro da filosofia kantiana para sua contribuição para o pensamento federativo ficar mais evidente.

Assim como muitos outros autores, pretéritos, contemporâneos ou posteriores, Kant compartilhava da ideia de que no plano do direito das gentes, já que não é possível um Superestado, não haveria juridicamente forma efetiva de proibir que Estados entrassem em guerra com outros Estados. Desta forma, não haveria como o *jus ad bellum* ser proibido, uma vez que, diferentemente do plano interno, a autotutela no direito das gentes seria sempre necessária. Apesar de visionário, Kant ainda compreendia a relação entre Estados no paradigma westfaliano, que somente foi rompido no Século XX com a emergência da Organização das Nações Unidas e seu sistema de segurança coletiva.

E é nesse ponto que Kant se depara ao pensar como é possível a paz, como propósito maior da racionalidade, sem este poder superior que o Estado representa em relação aos próprios Estados. A saída seria um imprescindível acordo geral entre os Estados[131]. Este acordo formaria um tipo particular de liga, que Kant chamará de Federação Pacífica[132]. Diferente de um acordo de paz, que coloca fim à uma guerra, este acordo que geraria a Federação Pacífica colocaria fim à todas às guerras.

---

[131] KANT, Immanuel. Perpetual Peace: A Philosophical Sketch. In: REISS, H.S (edict.). *Kant Political Writings* Cambridge: Cambridge University Press, 1991, p. 104.

[132] KANT, Immanuel. Perpetual Peace: A Philosophical Sketch. In: REISS, H.S (edict.). *Kant Political Writings* Cambridge: Cambridge University Press, 1991, p. 104.

Essa Federação Pacífica de Kant, na leitura contemporânea, assemelha-se muito mais à uma confederação do que a uma federação em si. Assim como Montesquieu e outro autores da época, não havia distinção precisa entre confederação e federação: eram tratados como sinônimos. Não é demais lembrar que o primeiro Estado federal, ou seja, a primeira federação no sentido no qual é atribuído contemporaneamente ao termo, foi justamente o dos Estados Unidos da América, inaugurado com a promulgação da Constituição em 1787.

Sem a pretensão de formar um Estado, a finalidade da Federação Pacífica seria assegurar a liberdade dos Estados signatários, ainda que sem poder coercitivo, uma vez que não se aplicam aos Estados a submissão às leis a que se sujeitam os homens para saírem do estado de natureza[133]. Kant defende, desta forma, esta ideia de federalismo, na qual por meio da confiança entre os Estados, gradualmente se estenderia a todos os Estados, de modo a os conduzir à paz perpétua.

Tal federação somente seria exequível com Estados republicanos, já que são estes que tendem a buscar a paz perpétua. Havia então, segundo Kant, a iniciativa de um Estado republicano que por sua vez ganharia alianças aderentes, de modo a consolidar a Federação Pacífica. Uma vez que esta federação seria a única saída jurídica para eliminar a guerra que seja conciliável com a liberdade dos Estados, a política e a moralidade somente podem ser harmonizadas em uma união federal, que se faz necessária e é racionalizável aprioristicamente por meio de princípios do direito[134]. Aqui Kant responde seu questionamento de como é possível compatibilizar a política e a moralidade: a saída é o federalismo (ainda que o sentido de federalismo de Kant se assemelha muito mais à inclinação de formação de uma organização internacional do que a um Estado federal).

---

[133] KANT, Immanuel. Perpetual Peace: A Philosophical Sketch. In: REISS, H.S (edit.). *Kant Political Writings* Cambridge: Cambridge University Press, 1991, p. 104.

[134] KANT, Immanuel. Perpetual Peace: A Philosophical Sketch. In: REISS, H.S (edit.). *Kant Political Writings* Cambridge: Cambridge University Press, 1991, p. 129.

Bibliografia

GUYER, Paul. *Kant*. London: Routledge, 2006.

KANT, Immanuel. *A Metafísica dos Costumes*. Trad. Edson Bini. Bauru: Edipro, 2008.

_____. *Crítica da Razão Pura*. 2 ed.Trad. Valério Rohden. São Paulo: Abril Cultural, 1983.

_____. *Fundamentação da Metafísica dos Costumes*. Trad. Tania Maria Bernkopf. São Paulo: Abril Cultural, 1984.

_____. Perpetual Peace: A Philosophical Sketch. In: REISS, H.S (edit.). *Kant Political Writings* Cambridge: Cambridge University Press, 1991.

NOUR, Soraya. *À Paz Perpétua de Kant:* Filosofia do Direito Internacional e das Relações Internacionais. São Paulo: Martins Fontes, 2004.

PALOMBELLA, Gianluigi. *Filosofia do Direito* Trad. Ivone Benedetti. São Paulo: Martins Fontes, 2005.

SANDEL. Michael. *Justiça:* O que é fazer a coisa certa. Trad. Heloisa Matias. Rio de Janeiro: Civilização Brasileira, 2012.

5

CORWIN: DO FEDERALISMO DUAL AO *NEW DEAL*

New Deal: novo paradigma do federalismo norte-americano

O federalismo norte-americano se consolidou, desde o início, como um modelo de tensão política no qual os Estados competiam entre si em busca de vantagens mútuas. Após a o processo de independência, as treze antigas colônias passaram por uma experiência sociológica que consolidou o federalismo naquela realidade política, a ponto de gerar, em 1787, a Constituição que estabeleceu um Estado federal, diferente das então confederações existentes.

Serão apresentadas aqui algumas considerações elaboradas por Edward Samuel Corwin (1878-1963) sobre a formação do federalismo de competição nos Estados Unidos, surgido como um paradigma das relações entre os Estados e o processo de transformação ocorrido no início do Século XX, o denominado *New*

Deal. A transmutação acompanha a transição dos valores liberais presentes no Séculos XVIII e XIX para valores sociais, em especial com o sistema de seguridade social dos anos 1930. Todas estas transformações apresentam uma perspectiva cooperativa.

A partir das considerações feitas por Edward S. Corwin em seu artigo *The Passing of Dual Federalism*, publicado em 1950, é possível esboçar alguns elementos dessa transição. Inicialmente, tem-se o sistema de repartição de competências, que no governo federal possui apenas poucos poderes enumerados, enquanto os Estados reservam para si os demais poderes. Assim, no que a Constituição norte-americana não concede expressamente à União, são livres os Estados para legislar e executar.

O modelo federal dos Estados Unidos foi o primeiro observável na história, representando um passo além do que todas as confederações anteriormente existentes no propósito de garantia de estabilidade do governo e defesa, além do propósito de influência do liberalismo oitocentista de proteção às liberdades individuais dos cidadãos. Como busca de um governo legítimo, há uma forte presença dos princípios republicanos se coadunando ao sentido de liberdade como não dominação, conforme Pettit[135], que vai além da dicotomia de liberdade positiva e negativa.[136]

A origem do sistema jurídico norte-americano é tão peculiar

---

[135] "There are two grounds for thinking that the conception of liberty as non-domination is the view of liberty that we find in the republican tradition. The first is that in the republican tradition, by contrast with the modernist approach, liberty is always cast in terms of the opposition between liber and servus, citizen and slave. The condition of liberty is explicated as the status of someone who, unlike the slave, is not subject to the arbitrary power of another: that is, someone who is not dominated by anyone else.[...] The second ground is that liberty is explicated within the republican tradition in such a way that not only can liberty be lost without actual interference; equally, interference may occur, under the scenario of the non-mastering interferer, without people being rendered thereby unfree." (PETTIT, Philip. *Republicanism:* A Theory of Freedom and Government. New York: Oxford University Press, 1997, p.31).

[136] Pettit critica veementemente a distinção entre liberdade negativa e liberdade positiva presente em escritos de autores como Isaiah Berlin. Conferir em PETTIT, Philip. *Republicanism:* A Theory of Freedom and Government. New York: Oxford University Press, 1997.

quanto o modelo de organização política resultante após a Constituição de 1787. Como uma nação sem uma história secular como os Estados europeus, o direito era em grande parte derivado da tradição inglesa, mas com forte influência de costumes locais e de outros aspectos básicos considerados pelos colonos. Como resultado, ainda que possa ser em critério de classificação no direito comparado como um integrante da família jurídica *Common Law*, o direito norte-americano tem diversas características romanistas, desde o primitivo processo de codificação das colônias – até com a aplicação da Bíblia em algumas delas como fonte jurídica – ao desenvolvimento de um ordenamento jurídico baseado em hierarquia e distribuição de competências entre entes federativos por uma Constituição[137], resultando em uma integração entre ordens jurídicas; submetendo o cidadão ao mesmo tem ao direito estadual e ao direito federal[138].

A formação deste novo modelo político deu-se como uma descentralização das funções do poder soberano, especialmente a criação e aplicação do direito. O fenômeno somente foi possível pela

---

[137] "A existência de uma Constituição escrita, comportando uma Declaração de Direitos, é um dos elementos que diferenciam profundamente o direito dos Estados Unidos do direito inglês." (DAVID, René. *Os Grandes Sistemas de Direito Contemporâneo*. Tradução de Hermínio Carvalho. São Paulo: Martins Fontes, 2002, p.494) Para uma leitura mais profunda sobre a história das instituições norte-americanas, recomenda-se a leitura desta obra, que descreve a história, a estrutura e as fontes do direito norte-americano entre as páginas 459 e 508. Sobre a hierarquia entre a Constituição e as leis ordinárias no emergente Estado norte-americano do Século XVIII, comenta Bercovici: "De modo distinto dos ingleses, no entanto, os americanos difundiram a ideia de constituição como lei escrita superior, acima do governo e das demais leis, inclusive acima do legislativo. Esta ideia, como demonstra Corwin, teve um desenvolvimento relativamente tardio entre os americanos, sendo difundida nas décadas de 1770 e 1780. Neste período, as assembleias tiveram as constituições dos Estados à sua disposição. A partir de 1780. Busca-se distinguir lei fundamental e lei ordinária, como consequência da insatisfação de boa parte da elite americana com a atuação legislativa das assembleias.". (BERCOVICI, Gilberto. *Soberania e Constituição...*, p.121).
[138] LOSANO, Mario G. *Os Grandes Sistemas de Jurídicos*. Tradução de Marcela Varejão. São Paulo: Martins Fontes, 2007, p.83.

ruptura do paradigma do modelo unitário westphaliano[139] provocada pelo constitucionalismo[140]. A soberania a partir do liberalismo é redefinida e contida pelo direito e a existência de uma Constituição no ordenamento jurídico foi fundamental para tal[141], de forma a solidificar no plano normativo os ideais do *Rule of Law.*

Somente porque foi possível pensar em conter o poder político absoluto fundamentado por uma ideia de soberania absolutista é que o projeto de descentralização das funções pode ocorrer. Neste contexto há uma relação necessária entre os pressupostos liberais no desenvolvimento do Estado de Direito e do federalismo.

A partir das treze repúblicas que renunciaram à sua soberania para a criação da federação, pode-se dizer que o Estado federal é soberano porque de maneira pressuposta sua soberania resulta da união daquelas múltiplas soberanias não mais existentes. O poder político que cada Estado tem é uma soberania relativa, seja interiormente, já que a legalidade do ordenamento não legitima a extrapolação das ações políticas, seja externamente, não podendo decidir sobre seu destino nas relações exteriores – inclusive decidir amparado pelo direito sobre pertencer ou não mais à federação.

---

[139] "Unitary states were established to follow the Westphalian model, at most as modified by the democratic revolutions of eighteenth century or their animating principles. The key principle in unitary states is the efficient organization of power." (ELAZAR, Daniel J. Contrasting Unitary and Federal Systems. *International Political Science Review.* Camberra, v.18, n. 3, pp.237-251, 1997, p.243).

[140] Conferir o desenvolvimento desta tese em FERRAJOLI, Luigi. *A Soberania no Mundo Moderno.* Tradução de Carlo Coccioli. São Paulo: Martins Fontes, 2003.

[141] "The Constitution is the embodiment of the founders' belief in the rule of law. The idea is that government and society can be regulated by law, not subjected to the whims of powerful but potentially capricious rulers. The Constitution rests on the belief that no one in power should be above the law. Even the legislature, the people's elected representatives, should be bound to respect the principles and limitations contained in the 'supreme Law of the Land.' The subordination of government to law was seen by the Framers as a means of protecting individual rights to life, liberty, and property." (STEPHENS JR, Otis H.; SCHEB II, John M. *American Constitucional Law Volume I:* Sources of Power and Restraint. 4th edition. Belmont: Thomson, 2008, p.8)

A União dos Estados Unidos foi formada neste sentido de uma efetiva associação entre Estados anteriormente separados e soberanos. O movimento foi centrípeto: forças políticas de fontes separadas convergem para uma única fonte. Apesar de não mais soberanos plenamente, os Estados federados reservaram para si uma parcela de poder, estabelecendo uma reserva autônoma em relação ao poder federal. Por justamente não aceitarem se submeter completamente a um poder unitário após a independência[142], o Estado federal surgiu como forma de proporcionar um devido equilíbrio entre a submissão dos entes federados à União e o respeito às suas particularidades políticas e jurídicas.

A União absorve e centraliza as funções essencialmente soberanas que dizem respeito à defesa e à coesão interna. A função primordial da União é proteger o Estado enquanto totalidade e evitar a fragmentação, sendo um espaço de decisão de questões comuns aos Estados federados, bem como de resolução de conflitos entre eles. Por ser um Estado com a proposta de incialmente apaziguar as tensões que poderiam prejudicar a estabilidade política, o a federação norte-americana pode ser denominado como oriunda de um "federalismo de competição".

O federalismo de competição – em sua primeira fase pode ser denominado também por federalismo dual, conforme a classificação proposta por Schwartz[143] - é o primeiro modelo empírico desta forma de organização política, resultado da formulação teórica com bases liberais setecentistas. Há a presença de duplicação de poderes ou competências entre os Estados federados e a federação; exige-se, portanto, que as funções soberanas do Estado sejam exercidas tanto no âmbito federal quanto no dos Estados. Todos os entes federados devem ser capazes de legislar, administrar e realizar julgamentos sobre as mesmas matérias de direito. Por sua vez, a União, como

---

[142] "There was never any real prospect that the Constitution of 1787 would provide for a unitary system. The states existed as autonomous political entities from the time of the American Revolution and were not about to surrender to the national government rights and powers to which they had become accustomed." (STEPHENS JR, Otis H.; SCHEB II, John M. *American Constitutional Law Volume I:* Sources of Power and Restraint. 4th edition. Belmont: Thomson, 2008, p.296.).

[143] SCHWARTZ, Bernard. *O Federalismo Norte-Americano Atual:* Uma Visão Contemporânea. Rio de Janeiro: Forense Universitária, 1984.

ente comum, possui órgãos para realizar tais funções de interesse geral, mas com uma mínima interferência nos Estados.

Essa forma de federalismo possibilita uma maior liberdade dos governos locais, não estando obrigados entre si; apenas com a União. Entre eles há uma forma de competição já que a relação entre eles tem um caráter exclusivo. O espírito liberal de individualidade permeia a organização jurídica e política do federalismo de competição.

Tais axiomas se adequam ao modelo criado com a Constituição da Filadélfia, que prevê em seu texto promulgado inicialmente os limites das ações possíveis de serem exercidas pelos órgãos da União: o Congresso bicameral, a Presidência da República e a Suprema Corte.

Segundo Schwartz, nos Estados Unidos, a dependência econômica que os Estados têm atualmente do poder central, cuja política de não interferência nos cem primeiros anos do pós-independência, é resultante dos problemas no equilíbrio entre os poderes dos Estados federados e a Federação[144]. Ainda que no intuito da proteção de certos grupos, o poder federal pelo sistema do federalismo dual não podia intervir diretamente na política dos Estados, a não ser quando fosse se tratar de casos de interesse nacional, inclusive na própria economia. Percebe-se que esse sistema de federalismo dual se adequa ao pensamento liberal clássico de separações entre Estado e sociedade ou política e economia. Assim como predominava no pensamento liberal a interferência mínima do Estado nas relações privadas sociais. Nesse sistema, o poder federal deveria ter como função apenas a manutenção da coesão entre os Estados.

A partir do governo democrata do Presidente Roosevelt, uma série de reformas de cunho em primeiro momento econômico buscou recuperar a economia norte-americana dos efeitos da crise de 1929. Tais medidas representam uma nova etapa neste federalismo de competição, caracterizado por uma intervenção maior da União nos Estados paralela à maior intervenção política na

---

[144] SCHWARTZ, Bernard. *O Federalismo Norte-Americano Atual*: Uma Visão Contemporânea. Rio de Janeiro: Forense Universitária, 1984, p. 65.

economia[145]. Esta modificação no federalismo é amplamente conhecida por *New Deal*.

A configuração pouco interventiva da União nos Estados se mostrava adequada à visão liberal clássica do Século XVIII, na qual a efetividade de direitos fundamentais se realizaria com ausência de interferência do poder público na vida privada e ações bem restritas. Posteriormente, as vicissitudes do federalismo norte-americano permitiram uma União mais invasiva nos Estados, correspondente à falência das estruturas do liberalismo econômico no começo do Século XX, que levaram ao *New Deal*.

Apesar de ser considerada como a principal referência de Estado federal, a organização vertical do poder norte-americano sofreu algumas transformações, sendo a mais significativa o *New Deal*, que concentrou mais poder nas mãos da União e possibilitou uma intervenção maior nos Estados para a proteção de direitos. Se é possível encarar o federalismo americano como um pacto federativo entre as antigas repúblicas da costa leste, o *New Deal* representa efetivamente um "repacto" entre as agora unidades federativas[146]. Para Ackerman, representa o terceiro grande momento da história constitucional estadunidense[147].

Segundo observa Fiss, o intervencionismo após o *New Deal* fez

---

[145] Conferir em ACKERMAN, Bruce. *Nós o Povo Soberano*: Fundamentos do Direito Constitucional. Tradução de mauro Raposo de Mello. Belo Horizonte: Del Rey, 2006, p. 65-77.

[146] A respeito desta alteração no modo de ser compreender o federalismo nos Estados Unidos, comenta Corwin: "by the constitutional revolution which once went by the name of the "New Deal" but now wears the label "Fair Deal", American federalism has been converted into an instrument for the achievement of peace abroad and economic security for "the common man" at home. In the process of remolding the Federal System for these purposes, however, the instrument has been overwhelmed and submerged in the objectives sought, so that today the question faces us whether the constituent States of the System can be saved for any useful purpose, and thereby saved as the vital cells that they have been heretofore of democratic sentiment, impulse, and action". (CORWIN, Edward S. The Passing of Dual Federalism. *Virginia Law Review*. Vol.36, n°1, 1950, p. 23).

[147] ACKERMAN, Bruce. *Nós o Povo Soberano*: Fundamentos do Direito Constitucional. Tradução de mauro Raposo de Mello. Belo Horizonte: Del Rey, 2006, p. 79.

surgir uma nova visão sobre os fins do Estado; "o Estado tornou-se um participante ativo em nossa vida social, fornecendo serviços essenciais estruturando, por outro lado, as condições de nossa existência"[148].

De acordo com Corwin, com base nesta experiência norte-americana, por meio da interpretação da Constituição, pode-se identificar quatro características da federação estadunidense e sua aplicação no federalismo dual e no *New Deal*[149].

Poderes enumerados e poderes residuais

A primeira característica identificada por Corwin: o governo nacional possui somente poderes enumerados: a Constituição norte-americana não determinou os poderes de cada Estado; regulamenta apenas aquilo que seja de interesse comum. Esta é a primeira característica basilar deste modelo federativo. Os Estados detêm enorme margem de competência para elaborar suas próprias normas sem tanta interferência da União.

Esse sistema inaugurado pela Constituição norte-americana consagra um princípio federativo que podem ser observados em outras federações: a divisão entre os poderes enumerados e os poderes residuais[150]. O princípio estabelece que a União tenha

---

[148] FISS, Owen M. The Social and Political Foundations of Adjudication. *Law and Human Behavior*, Vol. 6, No. 2, Symposium: Court-Ordered Change in Social Institutions, 1982, p.128. Do original em inglês: "the state has become an active participant in our social life, supplying essential services and otherwise structuring the very terms of our existence".

[149] CORWIN, Edward S. The Passing of Dual Federalism. *Virginia Law Review*, v. 36 n. 1, 1950, p.4.

[150] "The principle originally adopted was that the National Government should possess only those powers which were conferred upon it in more or less definite terms by the Constitutional Document, while the remaining powers should, unless otherwise specified, be "reserved" to the States; or in the vocabulary of Constitutional Law, the National Government was a government of "enumerated powers", while the States were governments of "residual powers". (CORWIN, Edward S. The Passing of Dual Federalism. *Virginia Law Review*, v. 36 n. 1, 1950, p.4)

somente os poderes que lhe foram expressamente enumerados pelo texto constitucional[151]. Uma vez que a Constituição estabelece os poderes, somente uma alteração em seu teor poderia provar uma dilatação de suas competências. Por sua vez, os Estados têm todas as competências possíveis fora aquilo que não foi destinado para a federação, portanto poderes residuais.

A noção de rigidez e a normatividade constitucional são imprescindíveis para a divisão entre poderes enumerados e poderes residuais entre duas esferas normativas. Veja-se: a federação foi constituída por uma lei fundamental que se diferencia das demais por instituir os órgãos dos Estados, inclusive o poder legislativo, que tem a competência para emitir as leis.

Ao definir competências, a Constituição limita o alcance das atividades do poder público, inclusive as possibilidades desses alcances serem modificados por meio de alterações em seu próprio texto. Portanto, dentro desta lógica, se a Constituição provém a estrita competência do poder federal, distribuídos nas duas casas do legislativo, no executivo e no judiciário, somente por meio de uma modificação tais competências poderiam ser modificadas.

O texto enumera os poderes federais de modo taxativo, conforme o projeto de Estado imaginado pelos pais fundadores. A existência de um tipo de norma jurídica com uma categoria mais hierarquizada que as outras resulta em uma distinção em relação às outras normas. Conforme disserta Watts, "um reconhecimento da supremacia da Constituição sobre todas as ordens de governo e uma cultura política enfatizando a fundamental importância do respeito à constitucionalidade são pré-requisitos para a operação efetiva de

---

[151] "O modelo clássico de repartição de competências conferiu à União os poderes enumerados e reservou aos Estados-membros os poderes não enumerados. [...] O sentido premonitório do constituinte da Filadélfia resguardou ao Congresso a competência 'para elaborar todas as leis necessárias e adequadas ao exercício dos poderes especificados e dos demais poderes conferidos por esta Constituição ao Governo dos Estados Unidos ou aos seus departamentos ou funcionários', a famosa cláusula de poderes implícitos, que a Suprema Corte Norte-Americana converteu no fundamento de dilatadora construção constitucional na via federal." (HORTA, Raul Machado. Direito Constitucional. 3 ed. Belo Horizonte: Del Rey, 2002, p. 309.).

uma federação"[152].

Apesar desta inicial noção de poderes enumerados e residuais, a interpretação da Constituição pela Suprema Corte no sentido de fortalecimento da União modificou gradativamente essa posição, ou em alguns casos, pode-se fizer que houve uma inversão do sentido entre poderes enumerados e residuais[153], com tendência à uniformização do direito e ampliação do alcance da competência federal.

Sobre as fases da Suprema Corte, cabe interessante explicação de Mathiot[154], que divide os momentos da Suprema Corte dos EUA em cinco distintas fases:

> 1º) De 1787 até a 1800, em que há gradativamente o modelo federativo está se firmando;

---

[152] WATTS, Ronald. *Comparing Federal Systems in the 1990s*. Ontario. Queen's University Press, 1996, p. 91. Do original em inglês: "a recognition of Supremacy of the Constitution over all order of government and a political culture emphasizing the fundamental importance of respect for constitutionality are therefore prerequisites for the effective operation of a federation".

[153] Conforme defendido por Corwin, "today the operation of the 'enumerated powers' concept as a canon of constitutional interpretation has been curtailed on all sides. Nor in fact did it ever go altogether unchallenged, even from the first. Article I, section 8, clause 1 of the Constitution reads: 'The Congress shall have power to lay and collect taxes, duties, imposts and excises, to pay the debts and provide for the common defense and general welfare of the United States' ... What is 'the general welfare' for which Congress is thus authorized to 'provide', and in what fashion is it authorized to provide it? While adoption of the Constitution was pending some of its opponents made the charge that the phrase "to provide for the general welfare" was a sort of legislative joker which was designed, in conjunction with the "necessary and proper" clause, to vest Congress with power to provide for whatever it might choose to regard as the "general welfare" by any means deemed by it to be 'necessary and proper'". (CORWIN, Edward S. The Passing of Dual Federalism. *Virginia Law Review*, v. 36 n. 1, 1950, p.6).

[154] MATHIOT, André. El federalismo en Estados Unidos. In: BERGER, Gaston (org.). *Federalismo y Federalismo Europeo*. Madrid: Tecnos, 1965, pp. 237-239.

2°) De 1801 a 1835, em que a Suprema Corte foi presidida por Marshall. Nesta fase, há a famosa decisão do caso *Malbury v. Madson,* que avocou para o tribunal o poder de decidir sobre a constitucionalidade e o entendimento de que o governo federal possui poderes implícitos;

3°) De 1836 a 1864, em que a Suprema Corte foi presidida por Taney e os posicionamentos buscaram um equilíbrio entre o poder central e os poderes locais;

4°) De 1865-1937, que se inicia após o mais crítico momento para a federação norte-americana, a Guerra de Secessão. Neste período, a Corte começa a ter posicionamentos mais conservadores em favor da autonomia das unidades federativas (o famoso caso *Hammer v. Dagenhart* sobre trabalho infantil é deste período) e uma retroalimentação do entendimento de pouca interferência do governo na economia;

5°) a partir de 1938, com a emergência do *New Deal.*

Algumas decisões da Suprema Corte comprovam esta nova visão, sobretudo após a eleição de Jefferson para a presidência em 1800. A Suprema Corte, no caso *McCulloch v. Maryland,* de 1819, "instituiu a doutrina dos 'poderes implícitos', capacitando o Congresso a agir em questões que, embora não especificadas na Constituição, eram em parte "apropriada e necessária" do governo"[155]. Também houve o

---

[155] CREVELD, Martin van. *Ascensão e declínio do Estado...,* pp.410-411. Sobre a criação da doutrina dos poderes implícitos do governo federal no caso *McCulloch v. Maryland,* disserta O'neill: "This understanding of interpretation also was evident in McCulloch v. Maryland (1819). There Marshall exhaustively and brilliantly analyzed the "necessary and proper" clause in light of Congress's need for latitude in choosing the means of exercising its power. In Marshall's understanding of interpretation, powers delegated by the sovereign act of ratification were established in the constitutional text and created fixed categories for legitimate government action. Judicial interpretation in McCulloch was a matter of determining whether particular problems or policies fit within the categories of power established in the text. If so, they were susceptible to a legislative choice of means to effectuate legitimate legislative control over the subject matter of the

reconhecimento de poderes residuais federais no caso *Gibbons v. Ogden,* no qual Suprema Corte decidiu no sentido de que o Congresso teria o poder para legislar sobre o comércio interestatal, ainda que entrasse em antinomia com as leis estaduais.

Os poucos propósitos constitucionais

A segunda característica observada por Corwin é a de que os propósitos que a Constituição norte-americana que pode promover são poucos: esta orientação diz respeito diretamente o projeto constitucional dos Estados Unidos, permeado pela filosofia liberal. O liberalismo não se coaduna com a possiblidade de que o poder público possa ter grande alcance na sociedade. A ingerência da atividade pública na sociedade contraria as bases doutrinárias do liberalismo. O propósito das leis é limitar o poder político e por meio delas a separação entre Estado e sociedade é retroalimentada.

Pensar sobre os propósitos constitucionais exige uma investigação sobre o contexto em que a Constituição foi criada. Corwin reflete a interpretação deve remeter ao estudo das palavras preambulares e em textos não normativos, como *O Federalista,* principal fonte doutrinária que permite conhecer o que pretendiam os pais da pátria e a história dos posicionamentos da Suprema Corte[156].

Com esses propósitos a Constituição norte-americana se organiza: longe de pretender realizar alguma melhoria de vida do povo por meio de ações públicas, se concentra em limitar os poderes das instituições federais; a União somente pode legislar, executar e julgar aquilo o que o texto constitucional permite. Essa formulação permitiu grande liberdade tanto para os Estados, que mantiveram

---

category. Implied powers, such as creation of the national bank at issue in McCulloch, ultimately derived legitimacy from the constitutional text, structure, and design, and therefore from the intent of the Constitution." (O'NEILL, Johnathan. *Originalism in American Law and Politics:* A Constitutional History. Baltimore: The Johns Hopinks University Press, 2007, p. 19)

[156] CORWIN, Edward S. The Passing of Dual Federalism. *Virginia Law Review,* v. 36 n. 1, 1950, p.4.

seu poder quase como se fossem soberanos, por outro lado, quanto para o povo americano, que estaria sujeito a um contido número de leis federais, comuns a todos independentemente do Estado em que se encontrassem. Esta configuração se modificou a partir do *New Deal* que trouxe uma nova perspectiva cooperativa no competitivo federalismo norte-americano.

Essa diretriz proposta por Corwin merece críticas. Ao que parece, aborda apenas o federalismo impulsionado pelos ideais do liberalismo clássico, sobretudo no campo político e econômico e a historicidade norte-americana. O *New Deal,* apesar da grande alteração paradigmática do comportamento dos Estados, foi uma peculiar situação do federalismo estadunidense, cujas bases se ficam em uma federação centrípeta e competitiva.

Esferas de poder soberanas e iguais

A terceira característica da federação norte-americana, para Corwin, é a de que em suas respectivas esferas, os dois centros de governo são soberanos e iguais: É necessário se considerar aqui a perspectiva de Corwin para fazer esta afirmação. Nem o poder central, nem os locais são em si soberanos. Soberania é proveniente da totalidade dos entes e é exercida pela União, mas a União em si não é soberana sobre os Estados.

No federalismo dual, o governo federal e os governos estaduais pertencem a ordens jurídicas distintas. A União é uma ordem jurídica cujos destinatários são os Estados federados e o povo nacional, com poderes bem delineados pela Constituição. Os assuntos sobre o que a União legisla ou age são de interesse comum a todos, que decorre justamente da condição do Estado ser federado e não soberano.

Nesse aspecto, a delimitação de competências do Congresso que as Seções 8,9 e 10 do Artigo I da Constituição norte-americana mostra que, por ter sido uma União de origem centrípeta, tais competências se resumem a matérias de interesse efetivamente federativo, comum a todos os Estados, com o intuito de evitar conflitos eventuais. Aquilo que não for de interesse nacional, os Estados têm poder para realizar sua administração e elaborar sua própria legislação, gerando grande diversidade normativa.

O objetivo de índole republicana de Hamilton com a centralização do governo em uma União é a prosperidade política, da qual deriva os objetos que ele procura debater na obra, sempre ressaltando a utilidade dos Estados se unirem permanentemente. A União é um ente político inexistente nas (con)federações até então existentes, que por sua vez contavam com Dietas, frágeis naturalmente pela ausência de grande eficácia do vínculo entre soberanias e pela existência justamente de uma multiplicidade de soberanias. A União, além de ser necessária para o avanço além do modelo confederativo, exerce a soberania porque todas as soberanias dos federados devem ser relativas (em um anacronismo porque uma soberania relativa não é uma soberania em si).

Por sua vez, cada Estado federado é uma ordem jurídica própria, específica para seu povo, pode exercer por meio de seus órgãos as atividades estatais como se soberano fosse limitado apenas por aquilo que a Constituição determina não ser de sua competência.

Nos Estados federais que tendem a ser cooperativos também há a delimitação de competências, apesar de que, a depender do Estado em questão, a União pode ter poderes enumerados ou residuais.

Tensão entre o poder central e os poderes locais

A relação entre os dois centros com cada outro é de tensão, não de colaboração. Esta quarta característica deixa bem evidente a forma pela qual o federalismo dual busca alcançar seu equilíbrio: pela competição entre as unidades federativas. No federalismo competitivo cada um dos Estados está em uma relação horizontal em relação à outra, não importando as particularidades de cada qual. Assim como no cenário internacional, em que cada Estado nacional é igualmente soberano, no federalismo de competição cada Estado é igualmente autônomo, perfazendo uma simetria formal. Independentemente de seus fatores sociais, econômicas, territoriais ou populacionais, todas as unidades federativas são iguais perante o poder federal.

Verifica-se o exemplo trazido por Corwin[157] sobre a disposição do Artigo VI, 3, da Constituição norte-americana: o dispositivo determina que todos os membros de todos os poderes e em todos os níveis federativos estão obrigados a defender a Constituição. Isso toca em um ponto sensível para a compreensão do problema de uma suposta hierarquia no Estado Federal. Não há subordinação alguma entre a Federação e os Estados federados; cada um deles tem seus poderes definidos em competências dadas pela Constituição Federal. A subordinação jurídica existe em relação a ela, não à União.

O caminho para a cooperação entre as unidades federadas nos Estados Unidos se deu por meio das interpretações da Suprema Corte, sobretudo nas reformas após a grande depressão no governo de Franklin Delano Roosevelt (1933-1945). Corwin esclarece que de modo gradativo o tribunal direciona sua compreensão no sentido da integração do povo além das fronteiras jurisdicionais de cada um dos Estados federados. Exemplifica com um trecho da decisão do caso *Hoke v. United States* de 1913, segundo a qual, apesar das perplexidades da dupla configuração do governo, com diferentes competências, os Estados Unidos são um só povo e os poderes reservados aos Estados e à União são adaptados para serem exercidos, independente ou conjuntamente, para a promoção de um bem-estar geral[158].

Esse emblemático caso decidido pela Suprema Corte em 1913. A decisão da Suprema Corte dos Estados Unidos, que considerou que o Congresso dos Estados Unidos não era competente para regulamentar a prostituição em si, por constitucionalmente ser dado este poder aos Estados. Todavia, a Corte entendeu que o Congresso poderia regulamentar o trânsito e o tráfico de pessoas com a finalidade de exercício de prostituição. Essa decisão confirmou a constitucionalidade da Lei Mann de 1910, que proibia transportar entre os Estados mulheres brancas para qualquer atividade imoral

---

[157] CORWIN, Edward S. The Passing of Dual Federalism. *Virginia Law Review*, v. 36 n. 1, 1950, p.18.

[158] "While our dual form of government has its perplexities, state and Nation having different spheres of jurisdiction, we are one people, and the powers reserved to the states and those conferred on the Nation are adapted to be exercised, whether independently or concurrently, to promote the general welfare, material and moral." (CORWIN, Edward S. The Passing of Dual Federalism. *Virginia Law Review*, v. 36 n. 1, 1950, p.20).

(como a prostituição). Deste modo, a interpretação da Constituição direcionaria o modo do federalismo de competição para a cooperação. A solução de *Hoke v. United States* reforça a autonomia dos Estados, apesar do reconhecimento de uma competência da União.

Outra posição da Suprema Corte favorável à autonomia dos Estados foi o caso *Hammer v. Dagenhart* de 1918, no qual se firmou o entendimento de que uma lei federal que que proibia o transporte de mercadorias oriundas de trabalho infantil era inconstitucional porque tal matéria era de competência local. Deste modo, apesar de poder legislar sobre o transporte entre Estados, a União não poderia legislar no sentido de discriminar a mercadoria porque a proibição era assunto de interesse local. Neste sentido, a decisão se assemelha a *Hoke v. United States*, porque versa sobre a ausência de competência federal para proibir determinadas condutas no interior dos Estados federados.

Todavia, apesar destas decisões não cooperativas, o *New Deal* surge pouco tempo depois como um novo modo de se interpretar a tensão entre o governo federal e os locais, admitindo-se uma gradativa diminuição de autonomia destes últimos. De acordo com Finer, esta oscilação de posições sobre a interpretação constitucional da Suprema Corte é vinculada à tendência política dominante, sobretudo do poder executivo[159].

O ponto culminante da perspectiva cooperativa no *New Deal* do federalismo americano, segundo aponta Corwin, se encontra no *Social Security Act* de 1935[160]. Esta lei trouxe o sistema de seguridade social para os Estados Unidos baseada em uma nova forma de tributação sobre os salários proporcionou renda aos Estados federados para prestar assistência na forma de seguro-desemprego, reabilitação profissional, aposentadoria para idosos e deficientes etc.[161].

A ideia de isenção fiscal era uma característica presente no

---

[159] FINER, Samuel E. *Governo Comparado*. Tradução de Sérgio Duarte. Brasília: UnB, 1981, p.205.
[160] CORWIN, Edward S. The Passing of Dual Federalism. *Virginia Law Review*, v. 36 n. 1, 1950., p.20.
[161] CORWIN, Edward S. The Passing of Dual Federalism. *Virginia Law Review*, v. 36 n. 1, 1950, p. 20.

federalismo dual; no *New Deal*, conforme o entendimento de Corwin, esta ideia é moribunda em razão da emergência da concepção cooperativa[162]. Desta forma, a União e os Estados, outrora em uma relação competitiva, a partir do *New Deal* são partes de uma mesma estrutura, que tem todos os poderes para realizar os propósitos atuais de acordo com os problemas que surgirem. A concepção de que o Estado tem finalidades a serem realizadas além da proteção dos direitos fundamentais individuais, alarga a participação do governo central para a realização dos direitos sociais, que são índole positiva. Esta é a posição de Ackerman, ao explicar que "o Governo Federal operaria como um governo verdadeiramente nacional, representando o povo em todas as questões que atraíam suficientemente o interesse dos legisladores em Washington"[163]. Neste sentido, conforme sua divisão da história do federalismo norte-americano da qual o *New Deal* é o terceiro marco, "o compromisso com o federalismo não exigia mais uma estratégia constitucional que restringisse as atribuições do governo nacional a um número limitado de poderes específicos sobre a vida social e econômica".[164]

Corwin observa a existência de uma objeção ao federalismo de cooperação, apesar de não proibido pelo texto constitucional: necessariamente acaba por centralizar o poder no governo federal[165]. Quando membros cooperam, não há uma forma equânime de

---

[162] Uma das hipóteses de amenização da tensão em favor da colaboração é demonstrada pelo aumento do poder nacional dos EUA sobre o comércio interestadual e a comunicação para dar suporte às políticas locais do Estados no exercício de seus poderes reservados. Diante da disposição constitucional que o comércio entre Estado deve ser regulado exclusivamente pelo Congresso, os Estados ficam constantemente incapazes de parar o fluxo entre Estados próximos mesmo quando havia ameaça de minar a legislação local. (CORWIN, Edward S. The Passing of Dual Federalism. *Virginia Law Review*, v. 36 n. 1, 1950, p.19)

[163] ACKERMAN, Bruce. *Nós o Povo Soberano*: Fundamentos do Direito Constitucional. Tradução de mauro Raposo de Mello. Belo Horizonte: Del Rey, 2006, p. 145.

[164] ACKERMAN, Bruce. *Nós o Povo Soberano*: Fundamentos do Direito Constitucional. Tradução de mauro Raposo de Mello. Belo Horizonte: Del Rey, 2006, p. 146.

[165] CORWIN, Edward S. The Passing of Dual Federalism. *Virginia Law Review*, v. 36 n. 1, 1950, p.21.

direcionamento se o nível de poder entre eles for diferente. A cooperação entre o poder federal e o estadual será conduzida pelo primeiro não porque é de uma hierarquia superior, mas por ter uma competência mais geral e ter uma maior amplitude jurisdicional que o segundo.

A ressignificação das funções do Estado, sobretudo com o Estado Social, se coaduna com o desequilíbrio do poder central em comparação aos locais – especificamente no modelo federal, do poder federal em comparação ao estadual. As modificações do poder não se deslocam somente horizontalmente, com uma maior ênfase no Poder Executivo, mas também de modo vertical, com um deslocamento do poder regional em direção ao centro. Os interesses nacionais acabam ficando mais abrangentes e a necessidade de atuação do Estado como um todo atingiu proporções que não podiam ser deixadas somente a cargo dos Estados.

Transformações no federalismo pela Suprema Corte

O federalismo norte-americano sofreu vicissitudes desde a entrada em vigor da Constituição de 1787. Possivelmente a mais significativa foi a ruptura de paradigma no início do Século XX, denominado por *New Deal,* o qual alterou a amplitude das relações federativas entre a União e os Estados, com característico maior intervencionismo. A superação do federalismo dual acompanha a imersão dos valores sociais na política norte-americana, marcando, portanto, uma nova dimensão no federalismo de competição.

Conforme apresentado por Corwin, tal transformação foi efetivada principalmente pelas decisões da Suprema Corte, uma vez que, apesar das Emendas, não houve alteração no texto constitucional original de 1787. Assim, a repartição de competências e funções dos órgãos federais continua a mesma, mas a amplitude da União foi modificada pela interpretação do direito constitucional norte-americano em face à realidade política.

Tanto no caso *Hoke v. United States* quanto no *Hammer v. Dagenhart* observa-se o reconhecimento de competências da União pela Suprema Corte, apesar de reafirmar a autonomia dos Estados, o que marca o federalismo norte-americano. Apesar de ampliar o alcance da competência da União, o federalismo de competição, com maior liberdade dos governos locais, permanece como característica das relações entre as unidades políticas dos Estados Unidos.

O federalismo norte-americano se centralizou com o *New Deal*, apesar de não perder sua essência. Desta forma, ainda que com as mudanças ocorridas a partir dos anos 1930, como o *Social Security Act*, a perspectiva cooperativa trazida pelo *New Deal* não foi o suficiente para alterar completamente a configuração do Estado federal norte-americano, que continua constitucionalmente descentralizado, com o sistema de repartição de competências concedendo poucos poderes expressamente nominados à Federação e amplos poderes reservados aos Estados, especialmente no grande leque de matérias que podem legislar.

Bibliografia

ACKERMAN, Bruce. *Nós o Povo Soberano*: Fundamentos do Direito Constitucional. Tradução de mauro Raposo de Mello. Belo Horizonte: Del Rey, 2006.

BERCOVICI, Gilberto. *Soberania e Constituição*: Para uma Crítica do Constitucionalismo. São Paulo: Quartier Latin, 2008.

CORWIN, Edward S. The Passing of Dual Federalism. Charlottesville. *Virginia Law Review*.Vol.36, n°1, February 1950.

CREVELD, Martin van. *Ascensão e Declínio do Estado*. Tradução de Jussara Simões. São Paulo: Martins Fontes, 2004.

DAVID, René. *Os Grandes Sistemas de Direito Contemporâneo*. Tradução de Hermínio Carvalho. São Paulo: Martins Fontes, 2002.

ELAZAR, Daniel J. Contrasting Unitary and Federal Systems. *International Political Science Review*. Camberra, v.18, n. 3, pp.237-251, 1997.

FERRAJOLI, Luigi. *A Soberania no Mundo Moderno*. Tradução de Carlo Coccioli. São Paulo: Martins Fontes, 2003.

FINER, Samuel E. *Governo Comparado*. Tradução de Sérgio Duarte. Brasília: UnB, 1981.

FISS, Owen M. The Social and Political Foundations of Adjudication. *Law and Human Behavior*, Vol. 6, No. 2, Symposium: Court-Ordered Change in Social Institutions, 1982.

HORTA, Raul Machado. *Direito Constitucional*. 3 ed. Belo Horizonte: Del Rey, 2002.

KELSEN, Hans. *Teoria Geral do Direito e do Estado*. Trad. Luiz Carlos Borges. São Paulo: Martins Fontes, 2005.

LOSANO, Mario G. *Os Grandes Sistemas de Jurídicos*. Tradução de Marcela Varejão. São Paulo: Martins Fontes, 2007.

MATHIOT, André. El federalismo en Estados Unidos. In: BERGER, Gaston (org.). *Federalismo y Federalismo Europeo*. Madrid: Tecnos, 1965.

O'NEILL, Johnathan. *Originalism in American Law and Politics*: A Constitutional History. Baltimore: The Johns Hopinks University Press, 2007.

PETTIT, Philip. *Republicanism*: A Theory of Freedom and Government. New York: Oxford University Press, 1997.

SCHWARTZ, Bernard. *O Federalismo Norte-Americano Atual*: Uma Visão Contemporânea. Rio de Janeiro: Forense Universitária, 1984.

STEPHENS JR, Otis H.; SCHEB II, John M. *American Constitucional Law Volume I*: Sources of Power and Restraint. 4th edition. Belmont: Thomson, 2008.

WATTS, Ronald. *Comparing Federal Systems in the 1990s*. Ontario. Queen's University Press, 1996.

6

LIVINGSTON: A NATUREZA SOCIOLÓGICA DO FEDERALISMO

O federalismo como conceito sociológico

A abordagem não jurídica do federalismo encontra na tese de William S. Livingston (1920-2013) seu maior referencial teórico, uma vez que rompe um paradigma estabelecido de que ainda que federalismo e federação não sejam conceitos idênticos, a essência do federalismo estaria na organização estabelecida constitucionalmente.

Livingston propõe uma visão inédita acerca do que se pode ser percebido como federalismo: o federalismo não está contido no direito constitucional dos Estados federais. Ao se propor a investigar sobre a natureza do federalismo em seu artigo *A Note on the Nature of Federalism*, Livingston faz alguns questionamentos, entre os quais:

1) Em uma federação é possível estabelecer limites entre o poder central e os poderes das unidades federadas?

2) Qual é a intensidade de poder ideal a ser atribuída ao governo central e às partes componentes?

Tradicionalmente a resposta para estas questões são buscadas na abordagem jurídica, segundo a qual é imprescindível que exista uma Constituição escrita. Veja-se, por exemplo, a posição nesta perspectiva jurídica, como a de Kincaid. Para este autor, "um sistema federal ordinariamente requer uma constituição escrita porque uma federação é baseada em um acordo voluntário, o qual, como qualquer acordo importante, é melhor colocado por escrito"[166].

Em comparação à *Common Law*, Kincaid também observa a essencialidade em sua perspectiva de uma Constituição escrita para um sistema ser federal: "uma Constituição não escrita, como aquela classicamente atribuída à Grã-Bretanha, é inadequada para um sistema federal porque, para ser eficaz, uma Constituição não escrita exige costumes compartilhados baseados em uma história comum"[167]. Deste modo, uma Constituição escrita, nesta perspectiva jurídica do federalismo, "é necessária porque, em princípio, uma federação não possui poderes inerentes; é a criação das unidades federativas. Na prática, é claro, pode haver um regime pré-existente, mas o descarte ou a transformação desse regime provavelmente exigirá um processo de redação constitucional"[168].

---

[166] KINCAID, John. Comparative Observations. In: KINCAID, John; TARR, G. Alan (Org.). *A Global Dialogue on Federalism*: Constitutional Origins, Structure, and Change in Federal Countries. London: McGill-Queen's University Press, 2005, p. 411. Do original em inglês: "A federal system ordinarily requires a written constitution because a federation is based on a voluntary agreement, which, like any important agreement, is best placed in writing".

[167] KINCAID, John. Comparative Observations. In: KINCAID, John; TARR, G. Alan (Org.). *A Global Dialogue on Federalism*: Constitutional Origins, Structure, and Change in Federal Countries. London: McGill-Queen's University Press, 2005, p. 411. Do original em inglês: "An unwritten constitution, such as that classically attributed to Great Britain, is unsuitable for a federal system because in order to be effective, an unwritten constitution requires shared customs rooted in a common history".

[168] KINCAID, John. Comparative Observations. In: KINCAID, John; TARR, G. Alan (Org.). *A Global Dialogue on Federalism*: Constitutional Origins, Structure, and Change in Federal Countries. London: McGill-Queen's University Press, 2005, p. 411. Do original em inglês: "a written

Na perspectiva jurídica, além de escrita, é necessária ao sistema federativo uma Constituição rígida. Caso contrário, a forma do Estado poderia ser alterada por uma lei infraconstitucional. Neste caso, a rigidez constitucional é imprescindível para a federação; está relacionada à proteção da autonomia dos entes federativos e à repartição de competências entre os poderes nos diferentes níveis federativos[169].

Uma vez que, em conformidade às Constituições rígidas, toda alteração constitucional precisa da aprovação de uma casa do parlamento federal na qual os Estados têm representação (Senado ou Casa Legislativa de função equivalente), espera-se a existência de um consenso mútuo entre as unidades federadas e a União. Este consenso deve ser majoritário, mas não unânime, o que enfraqueceria o federalismo no Estado.

Livingston argumenta que os problemas do federalismo não estariam reduzidos a aspectos legais, ou seja, o direito constitucional dos Estados federais não é o suficiente para resolver os dilemas federativos.

Um aspecto importante acerca do federalismo é amplamente ignorado, diz Livingston, anterior ao âmbito da legalidade: sua natureza. A essencial natureza está "nas forças – econômica, social, política, cultural – que fizeram necessárias as formas externas do federalismo necessárias"[170]. O federalismo surge como solução para resolver problemas de organização política.

Portanto, o que faz de uma estrutura constitucional ser

---

constitution is needed because, in principle, a federation has no inherent powers of its own; it is the creation of the federating units. In practice, of course, there may be a pre-existing regime, but discarding or transforming this regime is likely to require a constitution-writing process".

[169] LIVINGSTON, William S. A Note on the Nature of Federalism. *Political Science Quarterly*, v. 67, n. 1, pp. 81-95, 1952, p. 82.

[170] LIVINGSTON, William S. A Note on the Nature of Federalism. *Political Science Quarterly*, v. 67, n. 1, pp. 81-95, 1952, p. 83. Do original em inglês: "The essential nature of federalism is to be sought for, not in the shadings of legal and constitutional terminology, but in the forces economic, social, political, cultural that have made the outward forms of federalism necessary. Federalism, like most institutional forms, is a solution of, or an attempt to solve, a certain kind of problem of political organization."

denominada como federal não é o arranjo institucional[171]. Uma sociedade pode ter instituições que são federais na aparência, conforme previsão constitucional, mas que seu funcionamento seja na prática como um Estado unitário. Do mesmo modo, Estados podem ter uma estrutura unitária e funcionar federativamente. Nestes casos, haverá evidente dissociação entre a forma do Estado e a práxis institucional.

Com estas premissas, Livingston propõe que o federalismo é um fenômeno sociológico: "a essência do federalismo não se encontra na estrutura institucional ou constitucional, mas na sociedade em si. O governo federal é um dispositivo pelo qual as qualidades federais da sociedade são articuladas e protegidas" [172].

Schultze comenta acerca da visão sociológica de Livingston: "partindo de tal definição, a República Federal da Alemanha, bem como países socialmente homogêneos como a Austrália e a Áustria, muito dificilmente poderiam ser incluídos entre os sistemas federalistas"[173].

Em si, cada sociedade se caracteriza de modo específico com seus elementos históricos, sociais, culturais, econômicos, entre outros. Tais elementos se comunicam e formam uma complexa teia de variáveis que pode gerar identidades sociais particularizadas dentro de uma mesma sociedade e em um mesmo espaço geográfico. A complexidade social dentro de um mesmo espaço gera diversidades.

Essas diversidades, encontradas em grupos sociais distintos concentrados em uma mesma área geográfica, dentro de uma mesma sociedade, resultam no que Livingston entende ser a natureza do federalismo. A territorialidade é um fator determinante: "se estão agrupados territorialmente, que é geograficamente, então o resultado pode ser uma sociedade que é federal. Se eles não estão agrupados

---

[171] LIVINGSTON, William S. A Note on the Nature of Federalism. *Political Science Quarterly*, v. 67, n. 1, pp. 81-95, 1952, p. 83.

[172] LIVINGSTON, William S. A Note on the Nature of Federalism. *Political Science Quarterly*, v. 67, n. 1, pp. 81-95, 1952, p. 83. Do original em inglês: "The essence of federalism lies not in the institutional or constitutional structure but in the society itself. Federal government is a device by which the federal qualities of the society are articulated and protected".

[173] SCHULTZE, Rainer-Olaf. Federalismo. In: *O federalismo na Alemanha*. n. 07, São Paulo: Fundação Konrad Adenauer- Stiftung, 1995, p. 17.

territorialmente, então a sociedade não pode ser federal"[174].

Para Livingston, a sociedade será federal se for contiver diferentes grupos sociais que se identificam com algo em comum, formando uma sociedade maior. Além disso, estes grupos estiverem concentrados em áreas distintas. Este inclusive é um fator que diferencia uma sociedade federal de uma sociedade meramente plural[175].

A territorialidade também está vinculada à distribuição dos poderes. O federalismo necessita que o poder político do Estado como um todo esteja compartilhado de acordo com um critério territorial, o que é diferente de mera distribuição entre as instituições funcionais internas da sociedade[176]. Como uma das características essenciais de uma estrutura de poderes, a distribuição de poderes deve ser feita entre os diversos níveis orgânicos territorialmente distribuídos. Caso contrário, se a distribuição de poderes "é feita entre a nação como um todo e unidades componentes que são funcionais em caráter, tais como indústrias, sindicatos, igrejas e assim por diante, então o tradicional e, penso eu, a qualidade necessária do federalismo está perdida"[177].

Desse modo, "o federalismo se torna nada se abraçar diversidades que não são agrupadas territorialmente, uma vez que não há unidades territoriais que possam servir como componentes

---

[174] LIVINGSTON, William S. A Note on the Nature of Federalism. *Political Science Quarterly*, v. 67, n. 1, pp. 81-95, 1952, p. 85. Do original em inglês: "If they are grouped territorially, that is geographically, then the result may be a society that is federal. If they are not grouped territorially, then the society cannot be said to be federal".

[175] LIVINGSTON, William S. A Note on the Nature of Federalism. *Political Science Quarterly*, v. 67, n. 1, pp. 81-95, 1952, p. 85.

[176] LIVINGSTON, William S. A Note on the Nature of Federalism. *Political Science Quarterly*, v. 67, n. 1, pp. 81-95, 1952, p. 86.

[177] LIVINGSTON, William S. A Note on the Nature of Federalism. *Political Science Quarterly*, v. 67, n. 1, pp. 81-95, 1952, p. 86. Do original em inglês: "But if the distribution of powers, which is the essential feature of the federal structure, is made between the nation as a whole and component units that are functional in character, such as industries, trade unions, churches, and so on, then the traditional and, I think, necessary quality of federalism is lost".

do sistema federal"[178]. Além da existência de diversidades funcionais, para que o federalismo encontre sua razão de existir, estas diversidades precisam ser agrupadas territorialmente[179].

Essa é uma abordagem que rompe com o paradigma da perspectiva jurídica, ou seja, a que caracteriza a como federal um Estado que se organiza federativamente, com um governo central e Estados federados. Segundo propõe Livingston, não é Estado em si que é federal e sim a sociedade. A característica de ser federal é proveniente de um macrocosmo de sociedades diversas que se concentram geograficamente, mas possuem um determinado vínculo e que, em razão disso, surgem as instituições formais.

A proposta teórica de Livingston admite uma gradação da característica federal de uma sociedade (e não de um Estado, a exemplo da escala centralização/descentralização kelseniana). Em seus termos, a "natureza de uma sociedade é refletida aproximadamente nas formas externas de seus arranjos políticos e constitucionais; e é verdade que a extensão do quão a sociedade é pode ser mesurada com maior ou menor precisão pela extensão em que estas formas externas são federais"[180].

Dessa forma, é possível também verificar o quão federal é uma sociedade em razão de sua territorialidade (e não meramente de sua pluralidade). Continua Livingston: "os padrões institucionais refletem a característica federal das sociedades em diferentes graus; eles podem ser mais ou menos 'federais' na maneira em que manifestam o grau em que a sociedade política por trás da fachada

---

[178] LIVINGSTON, William S. A Note on the Nature of Federalism. *Political Science Quarterly*, v. 67, n. 1, pp. 81-95, 1952, p. 86. Do original em inglês: "federalism becomes nothing if it is held to embrace diversities that are not territorially grouped, for there are then no territorial units that can serve as components of the federal system".

[179] LIVINGSTON, William S. A Note on the Nature of Federalism. *Political Science Quarterly*, v. 67, n. 1, pp. 81-95, 1952, p. 89.

[180] LIVINGSTON, William S. A Note on the Nature of Federalism. *Political Science Quarterly*, v. 67, n. 1, pp. 81-95, 1952, p. 87. Do original em inglês: "The nature of a society is roughly reflected in the external forms of its political and constitutional arrangements; and it is true that the extent to which the society is federal can be more or less accurately measured by the extent to which these external forms are federal".

institucional é integrada ou diversificada"[181].

Se uma sociedade política possuiu uma característica federal mais ou menos centralizada, há dependência de diversos elementos não formais. Assim, tais padrões formais, como a previsão constitucional e as instituições juridicamente estabelecidas não atestam que uma sociedade é federal. Depender meramente da previsão normativa para compreender o federalismo pode levar o observador a cometer erros[182]. Neste raciocínio sociológico, as manifestações federativas nas instituições formais serão o resultado da diversidade de sua sociedade[183].

E nestas diversidades justificam a assimetria na configuração do sistema federal. Ainda que não expressamente, Livingston entende a manifestação da assimetria no sistema formal motivada pela assimetria encontrada entre os grupos sociais, uma vez que tais diferenças é que levam à necessidade de reconhecimento pelo poder federal. Segundo o autor,

> As diversidades sociais que geram o federalismo podem ser de muitos tipos. Diferenças de interesses econômicos, religião, raça, nacionalidade, idioma, variação em tamanho, separação por grandes distâncias, diferenças no antecedente histórico, existência prévia como colônias separadas ou Estados, dissimilaridade das instituições políticas e sociais – todos estes podem produzir uma situação em que os interesses particulares e qualidades de segmentos de grandes comunidades devem ter reconhecimento[184].

---

[181] LIVINGSTON, William S. A Note on the Nature of Federalism. *Political Science Quarterly*, v. 67, n. 1, pp. 81-95, 1952, p. 87. Do original em inglês: "The institutional patterns reflect the federal quality of the societies in varying degrees; they may be more or less "federal" in the way in which they manifest the degree to which the political society behind the institutional façade is integrated or diversified".

[182] LIVINGSTON, William S. A Note on the Nature of Federalism. *Political Science Quarterly*, v. 67, n. 1, pp. 81-95, 1952, p. 87.

[183] LIVINGSTON, William S. A Note on the Nature of Federalism. *Political Science Quarterly*, v. 67, n. 1, pp. 81-95, 1952, p. 87.

[184] LIVINGSTON, William S. A Note on the Nature of Federalism. *Political Science Quarterly*, v. 67, n. 1, pp. 81-95, 1952, p. 89. Do original inglês: "The social diversities that produce federalism may be of many kinds. Differences of economic interest, religion, race, nationality, language, variations in size, separation by great distances, differences in historical

Nesse sentido, há uma infinidade de diferenças que precisam ser levadas em conta para a configuração federal. E fica claro na teoria de Livingston que o reconhecimento é um fator chave para o sucesso de uma federação. Se tais diversidades exigem instrumentos que sejam compatíveis com as demandas, logo é perfeitamente possível que a distribuição de competências ou representatividade no governo federal seja diferente para determinadas unidades federativas. E nesta perspectiva, as diferenças formais se justificam porque as diversidades sociais exigem isso.

Ao se afirmarem territorialmente, tais diversidades sociais produzem demandas por reconhecimento federal destas mesmas diversidades, que por sua vez encontra uma contra-demanda do poder central[185]. Estas duas forças tensionadas, de um lado a reafirmação de autonomia territorial daquela sociedade e do outro a integração e a necessidade de equalização e de unidade, motivam o surgimento do sistema federal e os conflitos inerentes a ele.

Em outras palavras, é preciso uma estrutura formal para equilibrar as forças centrífuga e centrípeta. Com base nesta visão, conclui Livingston que "o sistema federal é então uma institucionalização do compromisso entre estas duas demandas, e a Constituição federal traça as linhas deste compromisso" [186].

É o que afirma Burgess, ao observar que o termo federalismo pode significar contextos diferentes a depender do Estado no qual ele é analisado. Enquanto em países como Índia (Estado federal) e Reino Unido (que não é federal), o federalismo está associado a um

---

background, previous existence as separate colonies or states, dissimilarity of social and political institutions - all these may produce a situation in which the particular interests and qualities of the segments of the larger community must be given recognition".

[185] LIVINGSTON, William S. A Note on the Nature of Federalism. *Political Science Quarterly*, v. 67, n. 1, pp. 81-95, 1952, p. 90.

[186] LIVINGSTON, William S. A Note on the Nature of Federalism. *Political Science Quarterly*, v. 67, n. 1, pp. 81-95, 1952, p. 90. Do original em inglês: "The federal system is thus an institutionalization of the compromise between these two demands, and the federal constitution draws the lines of this compromise. The constitution will be more or less federal in accordance with the relative strength of the two demands".

contexto de fragmentação crescente, atualmente nos Estados Unidos e na Alemanha significa centralização de partes fragmentadas[187].

Nessa perspectiva do federalismo enquanto fenômeno sociológico, a proposta de Livingston é altamente relevante para a compreensão de razões que justifiquem assimetrias de direito em determinados Estados federais, como o Brasil. Além disso, por desprender o federalismo das estruturais formais, esta visão permite identificar não só o federalismo em Estados formalmente unitários[188], como também refutá-lo em Estados formalmente federais[189].

Bibliografia

BURGESS, Michael. Federalism. In: WIENER, Antje; DIEZ, Thomas (org.). *European Integration Theory*. New York: Oxford University Press, 2009.

KINCAID, John. Comparative Observations. In: KINCAID, John; TARR, Alan (Org.). *A Global Dialogue on Federalism*: Constitutional Origins, Structure, and Change in Federal Countries. London: McGill-Queen's University Press, 2005, p. 411.

LIVINGSTON, William S. A Note on the Nature of Federalism. *Political Science Quarterly*, v. 67, n. 1, pp. 81-95, 1952.

---

[187] BURGESS, Michael. Federalism. In: WIENER, Antje; DIEZ, Thomas (org.). *European Integration Theory*. New York: Oxford University Press, 2009, p. 39.

[188] LIVINGSTON, William S. A Note on the Nature of Federalism. *Political Science Quarterly*, v. 67, n. 1, pp. 81-95, 1952, p. 92.

[189] LIVINGSTON, William S. A Note on the Nature of Federalism. *Political Science Quarterly*, v. 67, n. 1, pp. 81-95, 1952, p. 92.

7

ELAZAR: ESTADO FEDERAL COMO ORGANIZAÇÃO MATRICIAL

Breves considerações sobre a modernidade estatal

O Estado Federal é uma das formas de organização jurídico-política dos Estados que surgiu empiricamente a partir de um ideal federalista presente na Constituição dos Estados Unidos da América de 1787, produto acabado do revolucionário constitucionalismo oitocentista[190]. A Teoria do Estado, como mormente ensinada em universidades[191], contrastam os Estados federais como objeto de

---

[190] "Somente desde o século XVIII se encara a Constituição como um conjunto de regras jurídicas definidoras das relações (ou da totalidade das relações) do poder político, do estatuto de governantes e de governados; e é esse o alcance do constitucionalismo moderno". (MIRANDA, Jorge. *Teoria do Estado de da Constituição*. Rio de Janeiro: Forense, 2005, p.319.)
[191] Destaca-se no desenvolvimento da elaboração da "Teoria Geral do Estado" no Século XIX a obra de Georg JELLINEK, que influenciou toda

estudo em comparação ao Estados unitários, devido às suas características diversificadas.

Como pensar estruturalmente a institucionalização do Estado federal, uma vez que entre tais Estados são tão diversos? Os estudos e a proposta teórica de Daniel Judah Elazar (1934-1999) fornecem uma interessante visão acerca do tema e conseguem apresentar de modo satisfatório a compreensão de modo mais profundo do que uma mera dicotomia entre tais formas de Estado, como se cada qual de modo descuidado tivesse características padronizadas, como se cada qual fosse mera reprodução de modelo idealisticamente esboçado.

Diversos podem ser os critérios de diferenciação de um Estado unitário para um federal. De acordo com o pensamento de Elazar, a não-centralização política e a submissão dos cidadãos às duas esferas normativas sobrepostas são as principais diferenças entre as duas formas de Estado. Esta diferenciação torna compatível uma ideia de Estado unitário com algum grau de descentralização administrativa.

A forma unitária de Estado surge diretamente com a emergência da modernidade jurídica e política, como concretização do absolutismo sob a forma do é convencionado denominar de Estado moderno.

O Estado é uma espécie de organização política própria da modernidade, bem como seu objeto teórico no campo da política. O Estado, enquanto organização política estruturada em necessidades da modernidade, solidificou um modelo institucional que foi disseminado como uma forma de padronização eurocentrista, sobretudo nos territórios então recém-conquistados do Terceiro Mundo.

O entendimento a este respeito é altamente discutível, mas pelas razões a serem explicitadas, incialmente pode-se pensar que será considerado Estado aquela organização política moderna que atender a determinados requisitos que permitem a identificação do Estado em seu caráter moderno, o diferenciando das outras formas políticas pretéritas. O conceito de Estado Moderno é delimitado por Max Weber como molde detentor de alguns elementos essenciais

---

sorte de autores da matéria que muitas vezes utilizam sua base classificatória dos Estados e outros entes políticos.

para que uma organização política seja compreendida como tal:

> O Estado é aquela comunidade humana que, dentro de determinado território – este, o 'território', faz parte da qualidade característica – , reclama para si (com êxito) o monopólio da coação física legítima, pois o específico da atualidade é que a todas as demais associações ou pessoas individuais somente se atribui o direito de exercer coação física na medida em que o Estado permita[192].

Essa conhecida definição de Weber requer uma análise detalhada de tais elementos. Incialmente, tem-se a conexão entre uma comunidade humana e um espaço geográfico determinado, características basilares de qualquer organização política, como os reinos medievais ou as *polis* na Antiguidade. Uma vez organizada politicamente, a comunidade humana identifica-se como o que modernamente é chamado de povo (*populus*) e o espaço físico é denominado como território (*territorium* – terra em volta da cidade).

Algo que permite identificar o Estado em relação a essas outras ordens políticas é o vínculo existente entre essas pessoas e o espaço geográfico onde vivem, que difere das outras. A soberania, ainda que não expressamente mencionada neste conceito de Weber, é o identificador que permite diferenciar o Estado enquanto uma forma política da modernidade, uma vez que o monopólio da produção jurídica e da aplicação da força provém do caráter soberano. Este monopólio é condição necessária para sua existência.

Leciona Bobbio a respeito desta concepção weberiana:

> Não se pode renunciar ao monopólio do poder coativo sem cessar de ser um Estado. A desmonopolização do poder coativo representaria pura e simplesmente o retorno ao estado de natureza hobbesiano, isto é, ao estado da concorrência sem regras das forças individuais, à guerra de todos contra todos. Como contraprova, pensemos nas várias teorias que consideram a hipótese de desaparecimento do Estado, ou através da destruição ou através da extinção; nas várias teorias anárquicas no sentido positivo e não negativo do termo (que é usado no trecho citado por Weber): o Estado desaparecerá quando não houver mais a necessidade de um

---

[192] WEBER, Max. *Economia e Sociedade*: Fundamentos da Sociologia Compreensiva. Tradução de Régis Barbosa. Brasília: Editora UnB, 1999. p. 526.

poder coativo para induzir os indivíduos e os grupos a obedecer às regras necessárias para uma convivência pacífica[193].

Seus pressupostos básicos são a concentração da produção e aplicação do direito em órgãos localizados territorialmente no poder central. Apesar de ser observável alguma descentralização, ainda é bem fraca, uma vez que as subdivisões territoriais não são autônomas o suficiente para conseguirem manter com o poder central uma relação de coordenação, além de uma de subordinação.

O que é o federalismo?

Em *Exploring Federalism,* Elazar inicia sua explicação acerca do que possa ser o federalismo com uma definição preliminar e uma metáfora. Segundo Elazar, o "federalismo tem a ver com a necessidade que pessoas e organizações políticas tem de unir para propósitos comuns ainda que permaneçam separados forma de preservar suas respectivas integridades"[194]. Esta visão inicial de Elazar corresponde com a percepção originária que a tradição estadunidense tem acerca do federalismo: uma força que motiva a partes outrora separadas a se unirem com finalidades comuns, ainda de uma forma que tal união não aniquile suas integridades – e entende-se integridade sobretudo enquanto autonomia.

Para explicar como tal união e manutenção de integridade operam mutuamente, Elazar propõe uma metáfora: "é como querer ter um bolo e comê-lo também"[195]. Esta é uma questão sem solução, é paradoxal. Ser unido ao mesmo tempo que manter a particularidade é algo que à primeira vista contraditório. E o

---

[193] BOBBIO, Norberto. *Teoria Geral da Política.* Tradução de Daniela Beccaccia Versiani. Rio de Janeiro: Elsevier, 2000, p.134.
[194] ELAZAR, Daniel. *Exploring Federalism.* Tooscalosa: Alabama University Press, 1991, p. 33. Do original em inglês: "Federalism has to do with the need of people and polities to unite for common purposes yet remain separate to preserve their respective integrities".
[195] ELAZAR, Daniel. *Exploring Federalism.* Tooscalosa: Alabama University Press, 1991, p. 33. Do original em inglês: "It is rather like wanting to have one's cake and eat it too".

federalismo é um largamente um dispositivo útil para acomodação deste problema insolúvel.

Os arranjos institucionais relacionados ao federalismo emergem no decorrer da história como uma forma de acomodar esta condição contraditória[196]. Os princípios federais, neste sentido, "emergem da ideia de que povos livres possam livremente entrar em associações políticas duradouras, ainda que limitadas, para realizar finalidades comuns e proteger certos direitos enquanto preservam sua integridade"[197]. Deste modo, a ideia federativa reside no princípio de que as instituições políticas e sociais são mais bem estabelecidas por meio de acordos do que a instituição organicamente hierarquizada.

Segundo Elazar o "federalismo é baseado em um tipo específico de estrutura constitucional"[198]. Esta definição de Elazar se agrupa nas definições tradicionais acerca do federalismo que são alvos da crítica de William Livingston em *A note on the nature of federalism*[199]. A estrutura constitucional na qual o federalismo se baseia, segundo Elazar, vai além da mera repartição de competências: envolve a organização governamental como um todo. As políticas federais são notadamente descentralizadas, difundidas em muitos centros, mas a inteira autoridade do Estado está garantida por uma Constituição comum a todos os centros, ao invés do poder emanar de um único

---

[196] ELAZAR, Daniel. *Exploring Federalism*. Tooscalosa: Alabama University Press, 1991, p. 33.

[197] ELAZAR, Daniel. *Exploring Federalism*. Tooscalosa: Alabama University Press, 1991, p. 33. Do original em inglês: "Federal principles grow out of the idea that free people can freely enter into lasting yet limited political associations to achieve common ends and protect certain rights while preserving their respective integrities".

[198] ELAZAR, Daniel. *Exploring Federalism*. Tooscalosa: Alabama University Press, 1991, p. 34. Do original em inglês: "Federalism is based on a particular kind of constitutional framework".

[199] "This is assuredly a convenient method of approaching the problem and in many instances, it is the only possible one. But it is not the only one. If a question arises that requires a legal answer, it can be answered only in legal terms. But the validity of such an answer is limited to the frame of reference within which the question is posed. Legal answers are of value only in the solution of legal problems. And federalism is concerned with many other problems than those of a legal nature" (LIVINGSTON, William S. A Note on the Nature of Federalism. *Political Science Quarterly*, v. 67, n. 1, pp. 81-95, 1952.).

centro.

Ainda assim, percebe-se certo distanciamento conceitual entre federalismo e Estado federal na teoria de Elazar. Segundo o autor, "a Constituição escrita é um produto do federalismo, inventada como um artefato político para fazer possível a constituição ou reconstituição das políticas em uma base federal por meio de processo regularizados de escolha constitucional"[200].

A difusão dos poderes em muitos centros, ou seja, a não-centralização do poder, é a chave para o principal argumento a favor da democracia federal[201]. E neste ponto, Elazar faz um importante esclarecimento em sua concepção de federalismo: não-centralização não é sinônimo de descentralização.

A descentralização requer que uma autoridade central que tenha poder para descentralizar ou recentralizar seus poderes conforme sua vontade. Em sistemas descentralizados, a difusão dos poderes é mera liberalidade; não é direito. Pode-se pensar em Estados neste caso que não sejam federais, mas que sua estrutura administrativa seja notadamente descentralizada, como a Espanha, a Itália ou mesmo o Brasil entre 1824 e 1889.

Em sistemas não-centralizados o poder que é diluído não pode ser de forma legitima centralizado sem que haja uma ruptura institucional, ou seja, a quebra do espírito da Constituição federal. Estes são os Estados federais clássicos para Elazar, que os exemplifica com Estados Unidos, Canadá e Suíça.

Assim, "em cada um destes sistemas, há um governo central (ou nacional) que funciona poderosamente em muitas áreas e para diversos propósitos, mas não um governo central controlando todas as linhas de comunicação política e tomada de decisão"[202]. Esta

---

[200] ELAZAR, Daniel. *Exploring Federalism*. Tooscalosa: Alabama University Press, 1991, p. 157-158. Do original em inglês: "The written constitution is a product of federalism, invented as a political artifact to make possible the constitution or reconstition of polities on a federal basis through regularized processes of constitutional choice".

[201] ELAZAR, Daniel. *Exploring Federalism*. Tooscalosa: Alabama University Press, 1991, p. 34.

[202] ELAZAR, Daniel. *Exploring Federalism*. Tooscalosa: Alabama University Press, 1991, p. 35. Do original em inglês: "Each has a general, or national, government that functions powerfully in many areas for many purposes,

noção de descentralização e não-centralização será determinante nas formas de configuração institucional que a análise de Elazar demonstra.

O Estado federal como organização matricial

Com base na observação dos modelos desenvolvidos na modernidade, Daniel J. Elazar, em *Contrasting Unitary and Federal Systems*[203], desenvolveu um estudo comparativo entre três modelos políticos de organização do Estado moderno que correspondem a expressões de um tipo ideal, ainda que na prática possam ter algumas características de outros[204]. Os modelos são:

1) piramidal;

2) centro-periferia e;

3) matricial.

Tais modelos se diferenciam em vários aspectos, sobretudo na diferença de posição dos mecanismos governamentais.

O modelo piramidal

O piramidal compreende o modo como geralmente é pensado o Estado unitário, com centralização vertical do poder. Neste modelo o exercício político é distribuído em uma estrutura hierárquica, funcionando como uma autorização ou delegação do poder central. De acordo com Bobbio, é possível compreender a tal centralização como:

---

but not a central government controlling all the lines of political communication and decision making".

[203] ELAZAR, Daniel J. Contrasting Unitary and Federal Systems. *International Political Science Review*. Camberra, v.l 18, n. 3, 237-251, 1997.

[204] ELAZAR, Daniel J. Contrasting Unitary and Federal Systems. *International Political Science Review*. Camberra, v.l 18, n. 3, 237-251, 1997, p.238.

O processo de eliminação ou de desautorização de ordenamentos jurídicos inferiores, como as cidades, as corporações, as sociedades particulares, as quais sobrevivem não mais como ordenamentos originais e autônomos senão como ordenamentos derivados de uma autorização e pela tolerância do poder central[205].

Sua fundação provém de algum tipo de conquista militar[206]. Seu mecanismo governamental mais importante é a administração burocrática[207], o modo técnico e racional de encarar o funcionamento do Estado, antes mesmo da organização do governo[208]. A administração pública é comandada por burocratas profissionais[209] que independem do fator político. No segundo nível da administração estão as posições políticas e em terceiro, a

---

[205] BOBBIO, Norberto. *Estado, Gobierno y Sociedad:* Por una Teoría General de la Política. Traducción de José F. Fernández Santillán. México: FCE, 1989, p. 161. Do original em espanhol: "Por centralización se comprende el proceso de eliminación o de desautorización de ordenamientos jurídicos inferiores, como las ciudades, las corporaciones, las sociedades particulares, las cuales sobreviven no ya como ordenamientos originales y autónomos sino como ordenamientos derivados de una autorización y por la tolerancia del poder central".

[206] ELAZAR, Daniel J. Contrasting Unitary and Federal Systems. *International Political Science Review.* Camberra, v.18, n. 3, pp.237-251, 1997, p. 239.

[207] "As burocracias podem diferir amplamente nos pormenores da organização e das operações, mas, nos traços gerais, são assaz semelhantes e permitem que se imagine um tipo ideal de estrutura burocrática. Esse tipo ideal, derivado da obra de Weber, é um modelo de estrutura racionalmente ordenada e, por conseguinte, proporciona útil ponto de partida para a análise da natureza e do funcionamento de qualquer burocracia". (CHINOY, Ely. *Sociedade:* Uma Introdução à Sociologia. Tradução de Otávio Mendes Cajado. São Paulo: Cultrix, 1967, p.343).

[208] ELAZAR, Daniel J. Contrasting Unitary and Federal Systems. *International Political Science Review.* Camberra, v.18, n. 3, pp.237-251, 1997, p. 239.

[209] Sobre a profissionalização da burocracia no início do Estado moderno, vide o Capítulo 3 de CREVELD, Martin van. *Ascensão e declínio do Estado.* Tradução de Jussara Simões. São Paulo: Martins Fontes, 2004.

Constituição[210].

Neste modelo, a Constituição determina a supremacia do princípio hierárquico na organização do Estado, sua distribuição de poder e seu controle. A Constituição determina o funcionamento da hierarquia em, mas não altera sua estrutura. Elazar exemplifica a França como típico exemplo deste modelo piramidal, que é constante apesar das sucessões constitucionais[211].

Figura 1: Modelo piramidal[212]

O modelo centro-periferia

No modelo centro-periferia, a concentração de poder encontra-se em um núcleo e é disperso gradativamente para as partes mais distantes, com maior ou menor intensidade, dependendo de cada caso[213]. É típico deste modelo um governo com características oligárquicas, que não necessariamente representa os cidadãos da periferia.

Elazar entende que este tipo de modelo tem como mais icônico

---

[210] ELAZAR, Daniel J. Contrasting Unitary and Federal Systems. *International Political Science Review*. Camberra, v.18, n. 3, pp.237-251, 1997, p. 239.
[211] ELAZAR, Daniel J. Contrasting Unitary and Federal Systems. *International Political Science Review*. Camberra, v.18, n. 3, pp.237-251, 1997, p. 239.
[212] Imagem baseada na constante em ELAZAR, Daniel. *Exploring Federalism*. Tooscalosa: Alabama University Press, 1991, p. 35.
[213] ELAZAR, Daniel J. Contrasting Unitary and Federal Systems. *International Political Science Review*. Camberra, v.18, n. 3, pp.237-251, 1997, p. 239.

exemplo a experiência do Reino Unido da Grã-Bretanha e Irlanda do Norte[214], mas pode-se dizer que as uniões políticas tendem a se configurar neste modelo centro-periferia. Todavia, ainda que com esta dispersão do poder político, não se pode considerar estes Estados como federais[215].

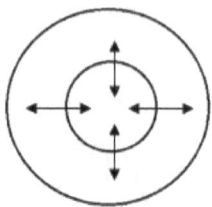

Figura 2: Modelo centro-periferia[216]

A política neste modelo ocupa o patamar mais elevado dos mecanismos de governo[217]. A concentração de poder em um órgão como um parlamento que reúne membros de grupos de interesse, eleitos ou não, acabam levando à uma prática oligárquica, uma vez que as partes mais periféricas geralmente não possuem representatividade, ou possuem de modo bem deficiente[218]. A soberania está concentrada no órgão legislativo, acima da administração, que segue a política estabelecida. Se politicamente este modelo se estrutura do centro para a periferia, a administração

---

[214] ELAZAR, Daniel J. Contrasting Unitary and Federal Systems. *International Political Science Review*. Camberra, v.18, n. 3, pp.237-251, 1997, p. 239.

[215] "O Reino Unido, apesar dos termos do Tratado de União com a Escócia, é um Estado unitário, e não federal. Nenhuma assembleia territorial dentro de suas fronteiras goza de *status* jurídico semelhante ao Parlamento de Westminster". (FINER, Samuel E. *Governo Comparado*. Tradução de Sérgio Duarte. Brasília: UnB, 1981, p.141.).

[216] Imagem baseada na constante em ELAZAR, Daniel. *Exploring Federalism*. Tooscalosa: Alabama University Press, 1991, p. 36.

[217] ELAZAR, Daniel J. Contrasting Unitary and Federal Systems. *International Political Science Review*. Camberra, v.18, n. 3, pp.237-251, 1997, p. 241.

[218] ELAZAR, Daniel J. Contrasting Unitary and Federal Systems. *International Political Science Review*. Camberra, v.18, n. 3, pp.237-251, 1997, p. 241.

do Estado também seguirá este caminho; o centro político também será o centro administrativo do Estado.

A Constituição aqui também está abaixo de dois outros mecanismos, uma vez que é moldada conforme estruturas pré-estabelecidas. Deste modo, uma mudança estrutural no sistema pode feita por um processo legislativo ordinário, uma vez que o status constitucional não é determinado pelo texto constitucional em si e sim pelo órgão político supremo.

O modelo matricial

O terceiro modelo político de organização do Estado é o matricial, segundo o qual se estabelecem os Estados federais. É uma mudança de paradigma em relação à concentrada política unitária dos outros dois modelos.

O Estado federal, organizado em matriz, reúne diversas unidades políticas em um mesmo território e sob uma mesma soberania. É uma configuração descentralizada em muitos aspectos, apesar de um necessário poder central que mantenha a federação unida, estabelecido constitucionalmente[219]. Neste sentido, é possível observar uma constância de tensões de interesses entre o poder federal e os Estados federados, que não são soberanos, mas possuem pela própria lógica da federação uma relativa autonomia. E isto se relaciona com sua fundação; o pacto que dá origem ao Estado federal é resultado de uma deliberação entre partes iguais para benefício comum.

O modelo matricial "reflete uma política composta de arenas com arenas mantidas juntas pelo enquadramento de instituições

---

[219] "Federal polities are characteristically noncentralized; that is, the powers of government within them are diffused among many centers, whose existence and authority are guaranteed by the general constitution, rather than being concentrated in a single center". (ELAZAR, Daniel. *Exploring Federalism.* Tooscalosa: Alabama University Press, 1991, p. 37)

comuns e um compartilhamento de informações em rede" [220]. A estrutura deste modelo, diferente dos outros, não se dá por pirâmide ou círculos, mas sim por células em um mesmo quadro, como uma matriz matemática na qual os diversos núcleos de poder se comunicam.

Segundo explica Elazar acerca deste modelo: "Em uma matriz, não há centros de poder superiores ou inferiores, apenas arenas maiores ou menores de tomada de decisão política e ação. Esta é uma descrição mais precisa de um sistema federal do que a fornecida por Weber ou Wilson"[221]. Desta forma, ao se pensar em um "modelo de matriz, a distribuição de poderes pode ser vista como envolvendo cargas diferenciais em diferentes arenas para diferentes propósitos. Naturalmente, essas cargas diferenciais não indicam um sistema fora de ordem, como seria o modelo de pirâmide a ser usado"[222].

Em razão disso, a importância dos mecanismos de governo não podem ser os mesmos. A Constituição é o predominante neste modelo[223]. Ela "fornece a estrutura ou os ossos da estrutura, que é estruturada por arranjos institucionais formais e informais, muitas vezes se sobrepondo. Nesse sentido, as linhas de comunicação servem como os "nervos" do sistema geral"[224].

---

[220] ELAZAR, Daniel J. Contrasting Unitary and Federal Systems. *International Political Science Review.* Camberra, v.18, n. 3, pp.237-251, 1997, p. 239.

[221] ELAZAR, Daniel. *Exploring Federalism.* Tooscalosa: Alabama University Press, 1991, p. 38. Do original em inglês: "In a matrix, there are no higher or lower power centers, only larger or smaller arenas of political decision making and action. This is a more accurate description of a federal system than that provided by Weber or Wilson".

[222] ELAZAR, Daniel. *Exploring Federalism.* Tooscalosa: Alabama University Press, 1991, p. 38. Do original em inglês: "Using the matrix model, the distribution of powers can be seen as involving differential loadings in different arenas for different purposes. As a matter of course, such differential loadings do not indicate a system out of kilter the way they would were the pyramid model to be used".

[223] ELAZAR, Daniel J. Contrasting Unitary and Federal Systems. *International Political Science Review.* Camberra, v.18, n. 3, pp.237-251, 1997, p. 241.

[224] ELAZAR, Daniel. *Exploring Federalism.* Tooscalosa: Alabama University Press, 1991, p. 38. Do original em inglês: "The constitution provides the

Ela é o documento que funda a matriz política[225]; é a expressão formal da motivação material federativa[226], a organização e as finalidades do Estado federal são nela determinadas e estabelece as diretrizes para a interpretação por meio dos órgãos de aplicação do direito.

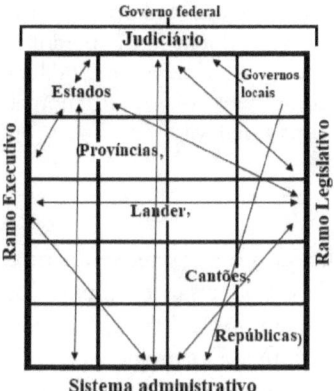

Figura 3: Modelo matricial[227]

A política no modelo matricial se baseia nas normas pré-estabelecidas constitucionalmente. As disputas sobre a melhor forma de se governar o Estado estão abaixo dos comandos constitucionais e dependem da composição dos diversos núcleos autônomos que participam do governo central. Por fim, a administração vem no

---

frame or bare bones of the structure, which is fleshed out by formal and informal institutional arrangements, often overlapping. In this sense, the lines of communication serve as the "nerves" of the overall system".

[225] ELAZAR, Daniel J. Contrasting Unitary and Federal Systems. *International Political Science Review.* Camberra, v.18, n. 3, pp.237-251, 1997, p. 241.

[226] Para Burgess, o Estado federal não pode ser um fim em si mesmo; é a realização do federalismo. Neste sentido, "the federal idea therefore cannot be reduced to mere instrumentalism or to the mechanics of political organisation. It is not something that one merely observes as an objective reality. On the contrary, it embraces the moral values of partnership, mutual reciprocity, comity, human dignity, tolerance, respect and recognition". (BURGESS, Michael. *Comparative Federalism:* Theory and Practice. London: Routledge, 2006.p. 177).

[227] Imagem baseada na constante em ELAZAR, Daniel. *Exploring Federalism.* Tooscalosa: Alabama University Press, 1991, p. 37.

plano inferior, "existente para governar e não porque é essencialmente digna ou base para a ordem política" [228]. Neste modelo, a burocracia se organiza de modo a se adaptar às diretrizes constitucionais de um poder descentralizado territorialmente. Sobre a organização burocrática nos Estados federais, observa Elazar:

> A maioria dos sistemas federais desenvolveu suas hierarquias administrativas com relutância. No mínimo, seus órgãos legislativos, organizações políticas ou redes de caudilhos estavam relutantes em transferir o poder para esse novo fenômeno, que, desde o início, significava uma redução de seus poderes, pelo menos relativamente[229].

Elazar denomina como a apoteose do modelo federal o sistema em que "autoridade e poder são estabelecidos constitucionalmente pelo projeto e distribuídos entre as várias unidades no sistema federal, com a distribuição protegida pela Constituição e com as políticas e estruturas decorrentes dela"[230].

Após o primeiro experimento político desta forma de Estado, este modelo foi constantemente reproduzido em diversos novos países, tantos os novos surgidos pelo processo de independência de suas metrópoles europeias desde o Século XVIII quanto em novos Estados sucessores de entes políticos já existentes no território europeu[231]. Ao aceitar relutantemente, desta forma, "as necessidades

---

[228] ELAZAR, Daniel J. Contrasting Unitary and Federal Systems. *International Political Science Review.* Camberra, v.18, n. 3, pp.237-251, 1997, p. 242.

[229] ELAZAR, Daniel. *Exploring Federalism.* Tooscalosa: Alabama University Press, 1991, p. 212. Do original em inglês: "Most federal systems developed their administrative hierarchies reluctantly. At the very least, their legislative bodies, political organizations, or caudillo networks were reluctant to transfer power to this new phenomenon, which, from the first, meant a reduction of their powers, at least relatively".

[230]ELAZAR, Daniel J. Contrasting Unitary and Federal Systems. *International Political Science Review.* Camberra, v.18, n. 3, pp.237-251, 1997, p. 242.

[231] "In the modern period, the Constitution of the United States, of 1787, is treated as the first experiment in establishing a federal system of government". (PALEKER, S. A. Federalism: A Conceptual Analysis. *The Indian Journal of Political Science.* v. 67, n. 2, p.303-310, 2006).

da nova era, as instituições não hierárquicas do Estado aumentaram o poder das hierarquias e reorganizaram as burocracias, de modo a torná-las ainda mais, enquanto tentavam encontrar novas maneiras de manter o controle geral sobre elas"[232].

Essa forma de Estado é o resultado de um projeto teórico bastante complexo, apoiado por uma filosofia baseada na confiança e na reciprocidade. Os pensadores norte-americanos podem ter sido os arquitetos de uma Constituição que deu a este modelo de Estado uma dimensão normativa, mas o ideal federativo está presente no pensamento político há muito mais tempo, teorizado contemporaneamente com a emergência Estado[233], mas com algumas raízes que remetem aos tempos mais antigos[234].

---

[232] ELAZAR, Daniel. *Exploring Federalism*. Tooscalosa: Alabama University Press, 1991, p. 212. Do original em inglês: "Reluctantly accepting the necessities of the new age, the nonhierarchical institutions of the polity increased the power of hierarchical ones and reorganized bureaucracies so as to make them more so, while trying to find new ways to keep general control over them".

[233] Como explica Michael Burgess, ao resgatar a origem do desenvolvimento do pensamento federativo moderno, "many writers and intellectuals in the pluralist school of thought have drawn on this tradition, which is widely acknowledged to have begun with the ideas of Johannes Althusius, a German Calvinist scholar and political magistrate. His famous *Politica Methodice Digesta*, now often referred to as 'The Politics', was first published in 1603 and his federal ideas evolved in the third edition of the Politica, published in 1614, to encompass what most students of European federalism today regard as the hallmark of his work, namely, a theory of society based upon natural law whereby individuals freely organised themselves into associations, both religious and secular, that were the fundamental essence of the state". (BURGESS, Michael. *Comparative Federalism:* Theory and Practice. London: Routledge, 2006, p. 170).

[234] Segundo William Riker, o primeiro governo federal ocorreu na Grécia Antiga após a Guerra do Peloponeso; vide: RIKER, William. *The Development of American Federalism*. Boston: Kluwer Academic Publishers, 1987, p.11. Sob este ponto de vista, Michael Burgess ao debater este conceito, menciona a historiografia do federalismo realizada por Freeman que defende remonta à Grécia antiga e às cidades-Estado italianas medievais as origens do propósito federativo: "Edward Freeman's historical study of federation entitled the History of Federal Government in Greece and Italy was published.8 As an established historian of some considerable repute and the new Regius Professor of Modern History at Oxford, Freeman had

Evidentemente, a obra "O Federalista", publicada ao final do Século XVIII é um marco na historiografia das ideias federativas[235], mas é necessário buscar as fontes de inspiração dos que debatiam a união das treze repúblicas recém-independentes da Coroa Britânica para uma efetiva compreensão das origens do pensamento federativo e compreender o fenômeno nos tempos atuais. São muitas as implicações constitucionais da estrutura federativa. Como observa Elazar, "a grande força do federalismo (incluindo a ideia federal e as estruturas e os processos que fluem dele) estão em sua flexibilidade (ou adaptabilidade), mas essa força faz com que o federalismo seja difícil de discutir satisfatoriamente em um nível teórico"[236].

Ao se analisar hoje a estrutura jurídica e política de países como os Estados Unidos, o Canadá, a Alemanha, a Rússia ou mesmo o Brasil, questiona-se qual o ponto comum que permite identificá-los como Estados federais[237] independentemente da denominação

---

set himself the task of exhibiting the practice of federal government throughout history, stretching back to ancient Greece and the Italian city states of the Middle Ages". (BURGESS, Michael. *Comparative Federalism...*, p. 12).

[235] "The modern English-speaking concept of federalism is derived directly from the American Constitution of 1787 and The Federalist, which first appeared in the same year. It was originally viewed by the American Constitutional Fathers (notably Hamilton and Madison) and by nineteenth and early twentieth century writers such as Tocqueville, Bryce and Dicey, in both normative and descriptive terms as an institutional device designed to divide sovereignty and prevent the concentration of authority and power in a single decision-making locus. Its chief objective was to promote political pluralism and maximize liberty". (STEIN, Michael; TURKEWITSCH, Lisa. The Concept of Multi-level Governance in Studies of Federalism. Paper Presented at the 2008. International Political Science Association (IPSA), International Conference. Concordia University, Montréal, 2008. p.4).

[236] ELAZAR, Daniel. *Exploring Federalism*. Tooscalosa: Alabama University Press, 1991, p. 38. Do original em inglês: "The great strength of federalism (including the federal idea and the structures and processes that flow from it) lies in its flexibility (or adaptability), but that very strength makes federalism difficult to discuss satisfactorily on a theoretical level".

[237] Para um estudo comparativo de diversos modelos federais e os fundamentos de seus federalismos, consultar: KINCAID, John; TARR, G.Alan (Org.). *A Global Dialogue on Federalism:* Constitutional Origins,

como tal em seus textos constitucionais, ou ainda, como o federalismo está presente como ideal de organização e descentralização do poder em suas ordens jurídicas.

Bibliografia

BOBBIO, Norberto. *Estado, Gobierno y Sociedad:* Por una Teoría General de la Política. Traducción de José F. Fernández Santillán. México: FCE, 1989.

_____. *Teoria Geral da Política.* Tradução de Daniela Beccaccia Versiani. Rio de Janeiro: Elsevier, 2000.

BURGESS, Michael. *Comparative Federalism:* Theory and Practice. London: Routledge, 2006.

CHINOY, Ely. *Sociedade:* Uma Introdução à Sociologia. Tradução de Otávio Mendes Cajado. São Paulo: Cultrix, 1967.

ELAZAR, Daniel J. Contrasting Unitary and Federal Systems. *International Political Science Review.* Camberra, v.18, n. 3, pp.237-251, 1997.

_____. *Exploring Federalism.* Tooscalosa: Alabama University Press, 1991.

FINER, Samuel E. *Governo Comparado.* Tradução de Sérgio Duarte. Brasília: UnB, 1981.

KINCAID, John; TARR, G. Alan (Org.). *A Global Dialogue on Federalism:* Constitutional Origins, Structure, and Change in Federal Countries. London: McGill-Queen's University Press, 2005.

LIVINGSTON, William S. A Note on the Nature of Federalism. *Political Science Quarterly,* v. 67, n. 1, pp. 81-95, 1952.

MIRANDA, Jorge. *Teoria do Estado de da Constituição.* Rio de Janeiro: Forense, 2005.

PALEKER, S. A. Federalism: A Conceptual Analysis. *The Indian*

Structure, and Change in Federal Countries. London: McGill-Queen's University Press, 2005.

Journal of Political Science. v. 67, n. 2, p.303-310, 2006.

STEIN, Michael; TURKEWITSCH, Lisa. The Concept of Multi-level Governance in Studies of Federalism. Paper Presented at the 2008. International Political Science Association (IPSA), International Conference. Concordia University, Montréal, 2008.

WEBER, Max. *Economia e Sociedade:* Fundamentos da Sociologia Compreensiva. Tradução de Régis Barbosa. Brasília: Editora UnB, 1999.